天津出版传媒集团
天津人民出版社

图书在版编目（CIP）数据

0～6岁男孩养育法 / 辛芝荣著. -- 天津 : 天津人民出版社, 2018.12

ISBN 978-7-201-14108-4

Ⅰ. ①0… Ⅱ. ①辛… Ⅲ. ①男性－家庭教育－儿童教育 Ⅳ. ①G781

中国版本图书馆CIP数据核字（2018）第210859号

0～6岁男孩养育法

0～6 SUI NANHAI YANGYUFA

辛芝荣 著

出　　版　天津人民出版社
出 版 人　黄　沛
地　　址　天津市和平区西康路35号康岳大厦
邮政编码　300051
邮购电话　（022）23332469
网　　址　http://www.tjrmcbs.com
电子邮箱　tjrmcbs@126.com

责任编辑　王昊静
策划编辑　马剑涛
特约编辑　吴海燕
装帧设计　润和佳艺

印　　刷　大厂回族自治县彩虹印刷有限公司
经　　销　新华书店
开　　本　880×1230毫米　1/32
印　　张　7
字　　数　210千字
版次印次　2018年12月第1版　2018年12月第1次印刷
定　　价　39.80元

版权所有　侵权必究

图书如出现印装质量问题，请致电联系调换（0316-8863998）

前言

提到养育男孩，可能很多父母都觉得无从下手，因为男孩普遍调皮、任性、好动，正如英国一句名言说的那样："一个男孩比十二个女孩增添的麻烦还多。"而事实也的确如此。

男孩一般比较顽皮，父母即便动之以情、晓之以理，甚至训斥、打骂，对他们都起不到多少作用；男孩好奇心强、精力旺盛，常常因为冒险而把自己弄得伤痕累累，让父母整天提心吊胆；有些男孩比较固执和叛逆，无论父母说什么，他们总会想方设法对着干……

为什么男孩如此难管教呢？这主要由他们的性别特征决定。因此，当男孩叛逆、大吵大闹时，父母不必感到头痛或无奈，更不要一味抱怨和指责他们，而是应该采取正面而积极的方法去帮助他们解决问题。

作为父母，首先应该尊重自己的孩子，走进孩子的内心世界，对孩子的能力有所了解，这样才能通过良性刺激，让他的能力得到充分的发展；其次，在纷乱的社会环境和物质膨胀的诱惑下，要善于发掘孩子的情商和智商，把他当成独立的个体看待，给他足够的空间，关注他的情绪，健全他的人格；最后，要创造一个良好的生活环境，陪伴孩子成长，及时发现并纠正孩子的坏习惯，培养出优秀的孩子。

每个孩子在成长过程中都伴随着一定的需求，父母要想培养出优秀的孩子，就应该了解他们的需求。那么现在不妨问一下自己：您想过孩子心灵深处的需求是什么吗？您该怎样满足孩子的精神需求？您对他了解多少？当孩子有不听话的行为或坏习惯时，请不要急于指责孩子，而是要问问自己了解孩子吗。

每个孩子都有着巨大的潜能，您的孩子也不例外。本书帮助广大父母从0～6岁男孩的心理和性格特征入手，详细讲述了男孩的内心世界、身体素质、情商、智商、学习能力、情绪、人格、素质、家庭环境、坏习惯纠正等方面的内容，旨在为父母提供最科学、最全面的教育方法，深度解读孩子的内心，走进孩子的世界，让父母和孩子成为朋友，促使孩子健康、快乐地成长。

如果您是一个男孩的父亲或母亲，就从现在开始培养吧！只要用对方法，您的孩子就有机会成为乐观向上、独立自主、有责任心和爱心、懂得感恩的优秀男子汉！

目录

第六章 学习能力不是与生俱来的

第七章 时刻关注孩子的情绪

第八章 不打不骂培养孩子的优秀品质

第九章　教育孩子远离坏习惯

第一章 养育男孩不可忽视性别教育

幼小的孩子对性别是没有概念的，他们并不知道男孩和女孩有什么区别，这就需要父母从小对孩子加以引导，培养男孩的性别意识，告诉孩子要做一个独立、坚强的男子汉。

3 岁前要培养男孩的性别意识

很多小男孩一出生，就被父母打扮得十分秀气，父母带着男孩出去逛街，甚至会被很多人当成女孩子，并当着孩子的面赞美说“这个小妹妹真可爱”，有些父母会马上纠正说“这是男孩”，有些父母却安静地接受了这种“赞美”。

还有一些父母期望自己的孩子不仅刚毅、独立和坚强，而且温和、细腻。这种“女性化”的意愿伴随男孩慢慢长大，父母会发现男孩子越来越中性化了，从而开始担忧，并感到不知所措。

俊俊今年6岁，不管是在家里还是在幼儿园，他都只跟女孩子一起玩，一让他走入男孩堆里，他就胆怯、哭闹。为此，俊俊很苦恼，但反观这些年，在俊俊身边的只有妈妈和婆婆，而且她们总喜欢把俊俊打扮得跟女孩子一样，还经常对俊俊说：“俊俊长得真漂亮。”而不是对俊俊说：“俊俊是一个男子汉。”

其实，男孩性格上适度的中性化并非有百害而无一利，它能让男孩更容易地融入社会环境中，提升他的生存能力，也有利于他的交际能力。但是，一旦男孩的中性化过了界，就会造成行为上的偏差，变得越来越女性化。因此，为了预防男孩过度的性别错位，父母应该从小注意对男孩的性别教育。具体可以从以下几个方面入手：

❶ 反复强化孩子的性别意识

在对孩子进行最初的性别教育时，父母一定要有正确的育儿观，千万不要因为自己喜欢女孩就把男孩当女孩养。更不要认为小孩子没有性别观念，就按照自己的喜好来置办孩子的衣服。千万不要这样做。正确的做法是给男孩买男性化一点的服饰，反复地强化孩子的性别意识，尤其要让他知道他是顶天立地的男子汉。

凡凡今年5岁，长得非常秀气，皮肤也白白净净的，假如穿上小女孩的衣服，就像一个小美女。有一次，凡凡参加幼儿园的文艺演出，化完妆后，简直成了一个漂亮的女孩。

出门时遇到了邻居家的叔叔，叔叔和凡凡开玩笑说：“哟，这谁家的小姑娘呀，长得真漂亮。”凡凡听了，不高兴地说：“我不是姑娘，我是男孩！”逗得在场的邻居们都哈哈大笑。

凡凡为什么对自己是男孩的认识这么强烈呢？原来在凡凡很小的时候，凡凡的妈妈便不断地告诉凡凡：“你是个男子汉。”平时，凡凡跟其他男孩子一样很调皮，喜欢蹦蹦跳跳，其间免不了磕磕碰碰。很多时候，他摔倒了，磕破了皮，他都忍着不哭，因为妈妈说过：“男孩子不轻易掉眼泪，你是一个男子汉，这点伤痛并不算什么。”因此，凡凡在生活中表现得很坚强。

有一次，凡凡和邻居家的小女孩在门前玩耍，突然飞来一只虫子，小女孩吓得哭了起来，凡凡也吓得脸色苍白。妈妈看到了，走过来，对凡凡说：“你是男孩，要勇敢，要保护小女孩，不能遇到麻烦跟小女孩一样只知道哭。”听了妈妈的话，凡凡赶紧过去安抚小女孩。

妈妈看到后，对凡凡竖起了大拇指：“宝贝，真不错，像个男子汉！”

经常对孩子强调他的性别，相当于给孩子心理暗示：“你是男孩，不是女孩，你要像个男子汉。”如此一来，不仅能够帮助孩子理解男女的不同，还能帮助孩子养成健全的人格。

❷ 让孩子认同自己的性别

性别认同是男孩进行自我认知的重要部分，男孩子只有认同自己的性别，才会对同性的性别特征抱有好感，并且希望自己拥有这些特征。因此，父母在培养孩子时千万不能因自己的期望而颠倒孩子的性别，这样会给男孩一种错觉：自己作为男孩是不受欢迎的，女孩才是爸爸妈妈喜欢的。如此一来，男孩就会厌恶自己本身的性别而发生性别错位。

有些父母认为，性别教育就是将性别模式化，把某一些特征固定下来，例如，让男孩穿深色衣服，说话要爽快、粗犷，作风习惯要大手大脚。这并不叫作性别教育。培养男孩的性别教育，是要培养男孩内在的勇敢、刚毅、有责任心的性格特征。

另外，父母是孩子在性别角色中最重要的模仿对象和指导者，所以，父母要以身作则，为男孩树立正确的性别榜样，同时，帮助男孩选择合适的同性伙伴，不要让男孩整天泡在女孩堆里，而要让男孩从其他男孩身上学到所必需的男孩品质。尤其是当下家庭中，很多男孩都是独生子，要是父亲角色缺失，就会让男孩陷入一个只有妈妈和婆婆的家庭，每天围着男孩子转的都是女性，从而导致男孩产生错误的性别观。

❸ 男孩一定要去男厕所

在日常生活中，父母要抓住所有时机，让孩子适当地理解男女之间的不同，这对孩子健康性别意识的形成至关重要。那么，应该如何去做呢？父母可以从孩子上厕所开始。

妈妈很注重对文文进行性别差异的教导，从小妈妈就很精心地为文文挑选合适的男婴用品，每一件生活用品都精心选择颜色和款式。尤其是在公共场合文文想上厕所的时候，妈妈绝对不会带文文去女厕所。

有一次，文文和妈妈一起去超市，文文想去厕所，他说："妈妈，我要上厕所。"于是，妈妈带着文文找到了厕所。由于文文从未在外面上过厕所，而且与那么多陌生的成年人在同一个厕所，他有点害怕，想让妈妈陪着他一起去。妈妈哭笑不得："那是男厕所，妈妈不可以进去。"

此时，文文看到一个小男孩被他妈妈带入了女厕所，他便对妈妈说："那我也跟您一起去女厕所。"妈妈一口拒绝了文文："那可不行，你是男孩，就要去男厕所。"最终，在妈妈的鼓励下，文文终于消除了内心的胆怯，大摇大摆地走进了男厕所。

孩子在公共场合上厕所是在所难免的，此时是对男孩进行性别教育的好机会。上述案例中妈妈的做法就很正确，她不仅坚持让孩子上男厕所，还灌输给孩子这样一个信念：你是男子汉，就要勇敢。

让爸爸给男孩灌输男子汉气概

男性在面对各种问题时所表现出来的态度、举动或气势，就是男子汉气概。但是，很多男孩对男子汉气概有着错误的理解，有的觉得男子汉气概是不拘小节，有的觉得男子汉气概是霸气，等等。对于男孩对男子汉气概错误的认知，父母要及时给予纠正。

其实，培养男孩的男子汉气概，爸爸是一个最好的榜样，妈妈要邀请爸爸参与到亲子教育中，给男孩灌输正确的男子汉气概。

星期天，6岁的郑文在客厅里玩着，突然跑回房间里穿起爸爸的皮鞋，戴上爸爸的帽子，还偷偷地拿出爸爸的一根香烟放到嘴边，故扮酷酷的样子站在厨房门口，对正在做饭的妈妈说："妈妈，我酷吗？是不是非常有男子汉气概？"

妈妈看了他的装扮，惊奇地问："你从哪里学的？"

郑文自豪地说："我看电影上都是这样的。"

妈妈当时并没有说什么，只拿走了香烟，告诉郑文："小孩子不能动香烟的。"过后，妈妈提醒爸爸说："我看这事需要你出马了，你要想办法让儿子知道什么叫真正的男子汉气概。"

此后，爸爸开始注意培养郑文的男子汉气概。一天，郑文和爸爸玩闹时，不小心把妈妈的花瓶打碎了。爸爸灵机一动，决定给郑文一个教训，说："郑文，怎么办？妈妈看到了肯定会生气的。"

郑文想了一下说："要不，我们就说是小猫把花瓶打碎的？"

爸爸故作开心地说："好啊好啊。"又想了一下，接着说："可是，我们是男子汉，要敢做敢当，这样做会不会显得我们是胆小鬼？"

郑文沉思了一下，说："是啊，我们是男子汉，要敢做敢当。我们还是主动向妈妈认错道歉吧。"

此后一段时间，爸爸都注重在生活中让郑文认识到男子汉气概的概念。一次，妈妈试探性地问郑文什么是男子汉气概，他说："我觉得爸爸更像男子汉，我应该向爸爸学习。"

在男孩的心目中，爸爸是崇拜的对象。因此，让爸爸来给男孩灌输男子汉气概是最明智的选择。那么，怎么做呢？可以从以下几个方面进行：

❶ 尽早让男孩认识到真正的男子汉气概的概念

有些父母觉得男孩年纪尚小，并不存在男子汉气概的问题。但是，0～6岁是男孩性格形成期，妈妈要尽早跟爸爸沟通讨论这个问题，尽早让男孩形成正确的男子汉气概观，才能更好地培养男孩的男子汉气概。

因为性别差异，爸爸和妈妈对男子汉气概的理解也会存在一定的差异，而这种观念的差异会让男孩无所适从。因此，妈妈要和爸爸沟通好，对男子汉气概的定义达成一致，共同建立正确的男子汉气概标准。

❷ 适当地提醒，让爸爸做一个好榜样

在大多数家庭中，家务活基本都是由女性一手包办，男性则很少动手。随着社会的发展，男女平等的思想更适合现代男女相处的方式。男性也应该参与家务，以便给孩子做出榜样。

一天晚上准备睡觉之前，妈妈对5岁的儿子说："宝贝，来和妈妈一起收拾一下玩具再睡觉。"

儿子却说："不，这是女人做的事情，男人不插手。"

妈妈愣住了，随即生气地瞪了先生一眼："你看，他的动作和表情都和你一模一样，平时让你做点家务，你也是这么说的。"

爸爸的行为很容易影响男孩的行为。因此，在给男孩灌输男子汉气概之前，一定要提醒爸爸做好男子汉气概的榜样。如果爸爸做得不那么好，妈妈也不要埋怨和指责，而是给他一点时间，委婉地向他提出来，一起做好孩子的榜样。

❸ 适当地旁敲侧击

虽然说培养男孩的男子汉气概的主要责任在于爸爸，但并不是说妈妈可以撒手不管。有时，一些必要的旁敲侧击，能更好地让男孩认识到哪些行为是男子汉的行为。

梁浩一家人晚饭后去附近的公园散步，回来的路上，看到一位邻居老奶奶吃力地拎着一大袋东西，颤颤巍巍地走着。爸爸看了，连忙上前向老奶奶打招呼，并帮老奶奶拎起东西。妈妈看了爸爸的做法，对梁浩说："宝贝，是不是觉得爸爸特别棒，是不是很有男孩汉气概？"

梁浩开心地说："是的，我要向爸爸学习，我也过去帮奶奶拎东西。"说着就跑上前帮爸爸去了。

妈妈的旁敲侧击会加深男孩对爸爸行为的认识，也会让男孩更用心地去思考爸爸做出这些行为的原因，因此更能理解爸爸的行为，从而加深对男子汉气概的认识。

男孩与女孩天生不一样

男孩喜欢玩具枪，女孩喜欢娃娃，这是男孩和女孩的一个很大的区别。其实，男孩与女孩的不一样还表现在很多方面。作为父母，对此应该要有深入的了解。

小王有一对龙凤胎，她从没给儿子买过玩具枪、玩具剑。但是有一天，儿子居然把家里的扫把当剑比画，又过了些日子，他从邻居家借回了一把冲锋枪。

女儿正好相反，每天都要花很多时间去料理玩具，对弟弟的行为一点都不感兴趣。在教养过程中，小王对两个孩子采取了相同的模式，可是孩子由于性别的不同，依旧保持着自己的个性。

男孩和女孩大脑发育的差别，早在胎儿时期就已经开始显现，并且随着出生后的生活和学习，进一步向各自的方向踏步迈进。这种差别主要是由生理基础决定的。在大脑的组成方面，男孩和女孩大脑的某些部位就已经开始在激素的影响下发生了不一样的变化。

随着孩子慢慢长大，这种天生的差异不断地分化，且对孩子的生活和学习方式也有所影响。反过来，生活和学习的方式也在不断地改变着大脑机能的发育。一个孩子在学习、玩耍时，相对应的脑细胞就会更加活跃，且得到不断的更新。比如，男孩爱运动就会不断地刺激他的运动细胞，从而不断提高运动能力。

那么，男孩和女孩的天生不一样体现在哪里呢？

❶ 女孩比较注重交流与人际，男孩比较注重行动和空间思维

有研究发现，就智力正常的孩子而言，男孩在语音能力和词汇量方面要落后于女孩。因此，父母不要过早地要求男孩一定要掌握多少语言，6岁之前的男孩的语言表达能力尚未发展完整，如果过于要求，会让他对读写能力的要求感到头疼。到了小学一年级，男孩以语言为基础的学习障碍才基本消失，这时进行阅读训练是比较合适的。

从养育孩子的角度来看，女孩比男孩更好带。因为女孩更为健谈，注重人际关系，也更渴望融入社会。相比之下，男孩对社会信息不那么敏感，更多的脑力集中在控制身体活动、空间意识和分类信息的区域。

在婴儿时期，男孩更爱打滚，试着到处爬、走。很多父母会发现，男孩才刚出生四五个月，就开始试着自己去抓一些有趣的小物件，有时抱着他，他还会拉扯妈妈的头发。刚学会爬，就经常从房间的这边爬到另一边，有时可能抓着婴儿床的小围栏站几个小时。

有位妈妈说，她的儿子从9个月大就开始学走路，不到一岁就能爬防火梯了。

还有位妈妈表示，她那3岁儿子的身体里好像装了一台开动的马达，可以让他从早晨就开始不知疲惫地跑来跑去、跳上跳下地玩到夜里。

即使在幼儿园，老师也对男孩感到很头疼，他们总是不安分地不停扭动身体，伸手乱抓东西，互相用胳膊肘推来推去，在教室里横冲直撞，满地打滚。

❷ 女孩善于讨父母的欢心，男孩努力寻求打破情感的遥控

对于学龄前的孩子，女孩更有可能敏锐地发觉她周围的人流露出来的感情，且会巧妙地运用它。可是，男孩就不一样，他们好像总是很努力地寻求打破情感遥控的新办法，总是故意惹怒父母。

男孩的世界里充满动作，喜欢探索新奇，因此常常被称为“淘气包”。在爸爸妈妈的眼里，他们整天毛毛躁躁、坐立不安，没有女孩子乖巧。对于男孩的“闹腾”，父母不必太过于担心，先让他通过运动的方式释放出体内的能量，再引导他一起做一些安静的

事，如画画或看书。只有玩够了，他们才能更容易进入安静的状态。

❸ 女孩热衷于精细动作，男孩更喜欢运动型的玩具

男孩的运动细胞比女孩更加发达，一般比女孩早3～4个月开始奔跑和跳跃，这是因为男孩更倾向于运动型的玩具，如小汽车和可以让他跳动的玩具。从2岁之后，男孩就表现出更强烈的身体活动性，更爱奔跑、跳跃和摸爬滚打，不喜欢安安静静地待着。通过和其他小朋友打闹，他们能建立更好的友谊。

而女孩恰巧相反，她们更喜欢安静的运动，喜欢娃娃、画画等，因此被认为比较心灵手巧。在过家家游戏中，女孩更喜欢一些与家庭生活有关的内容。

❹ 在玩耍过程中，男孩更容易受伤

男孩天生精力充沛，危险和高难度的动作能带给他更好的感受，这也决定了他们会更容易受伤，如在攀爬、跳跃等玩耍过程中可能会因不小心而摔得头破血流。然而，即使他们前一秒摔得大哭，下一秒就忘了，又开始重新追逐。所有严厉的警告和严肃的惩罚，根本阻止不了他们的激情。

6岁的小豪真是从小摔到大。刚1岁半的时候，他就趁大人不注意，翻过围栏，把头摔出了一个大包。3岁时整天乱跑乱跳，不知

道摔倒在地上多少次，把手和脚磕得紫一片青一片。5岁时隔壁家建房子，妈妈一个转身，他就爬上了楼顶，站在楼顶开心地看着急得团团转的妈妈。即使摔伤了很多次，甚至把手摔脱臼，但只要疼痛一有减轻，他转眼就忘了，又继续这些危险的动作。

这些在女孩看起来是很冒险的行为，却让男孩乐此不疲，因此女孩的生活相对来说更安全。

6 岁前的男孩喜欢腻在母亲的怀抱中

孩子的成长需要一个过程，没有任何捷径可走。父母要尽可能地了解孩子，掌握他们的特点，给予正确的引导。

6岁前的男孩喜欢腻在妈妈的怀抱中，喜欢妈妈的关爱和抚摸。这个阶段妈妈的爱是给男孩最好的礼物，也会影响男孩的一生。

如果妈妈与男孩经常交流、精心培养，又给予男孩足够的关爱和安全感，就会使男孩的大脑得到更好的发育及完善，也能使男孩更早地掌握说话技巧，孩子长大以后也能更好地适应社会的发展。相反，如果妈妈总是情绪低落或者喜怒无常，经常忽视或者打骂孩子，那么男孩的情绪就会受到影响，变得胆小怕事、脾气暴躁。因此，在这一阶段，妈妈要了解男孩的特点，用心去培养，才能养育出更加优秀的男孩。根据男孩的特点，具体可以从以下几个方面去培养：

❶ 用动作来代替过多的语言，更能让男孩理解

6岁之前男孩的理解能力非常有限，他们对某些词的认识尚不完整，比如，不会明白“加班”“一个小时”是什么概念，他唯一能理解的就是妈妈没有在他的身边。在我们的生活中，就有很多这样的情况。

一天，妈妈因工作加班，到了吃饭时间还未回家。4岁的罗杰开始哭着闹着要找妈妈，爸爸说：“儿子，别闹了，妈妈要加班，工作还没做完，过一个小时就回来了。”爸爸越是安慰，罗杰就哭得越凶。

对于这一阶段的男孩，父母不用急着跟他说太多的道理，因为那些道理可能起不到任何作用，很多情况下，这些道理都是徒劳的，而更好的办法是父母示范正面的行动给他看，这样他更能接受。

然而，管教男孩时，偏偏有的妈妈很容易失去耐心，为了让男孩长点记性，便打骂男孩。这种做法完全是错误的。因为6岁之前的男孩还没有形成理性思维和逻辑思维的能力，如果父母给他解释太多，时不时地给他讲道理，只会让他觉得很烦躁，变得更难管教。

❷ 多给男孩一些引导，而不是让他选择

心理学研究表明，如果一个6岁以下的男孩有更多选择的可

能，长大以后，他就很难成为有主见的人。这是因为这个阶段的男孩尚未形成自己的认知，还并不清楚哪一项选择更加适合他的性别和年龄，此时，需要父母去耐心引导。例如，妈妈可以引导男孩穿什么、玩什么玩具、几点吃饭，而不是让他选择玩芭比娃娃还是玩小汽车。在妈妈的安排下，男孩会很乐意去参与其中，并获得安全感。

❸ 引导男孩认识自己的身体

男孩天生好奇心比较强，对周边的事物有很强的探索欲望，尤其是小时候，这一欲望会表现得更加突出。他们会去“研究”所有的事物，包括自己的身体。在拨弄、揉搓自己的“小鸡鸡”时，会给他们带来一定的快乐，这种感觉让他们感到很疑惑，因此他们就会时不时地去研究这一项“技能”的来源。

3岁的肖裕总是趁父母不注意就拉扯或揉搓自己的“小鸡鸡”，即使有时和小朋友一起玩耍时，他也会把手伸进裤子里。妈妈很烦恼，说了很多次还是纠正不了肖裕这个不良的行为。一次，妈妈在宝妈群中说起了这事，发现很多男孩的妈妈都遇到了同样的问题。

妈妈不必对孩子这个行为感到大惊小怪，只需正确地引导孩

子，告诉他“小鸡鸡”是非常隐私的事，不能在众人面前做这么不礼貌的行为。

总之，0～6岁是男孩的纯真时代，也是男孩身体、智力、情感发育和性格形成的最重要阶段，他们需要在妈妈的怀抱中健康成长，妈妈不要推开他们，需要给他们足够的关爱、呵护和引导。

适当的哭是男孩发泄情绪的方式

明代戏曲作家李开先的代表作《宝剑记》中有两句很有名的唱词：“男儿有泪不轻弹，只因未到伤心处。”这两句词流传至今，被广泛记住的却只有前一句，因此只要男孩一哭，父母就教育孩子“男儿有泪不轻弹”“不许哭，你可是男孩子”等。在这样的教育下，男孩便开始隐忍自己的情绪。

3岁的小杰和姐姐相差一岁，但父母对待两个人的态度完全不一样。

一次，小杰和姐姐相互追逐玩耍时，姐姐不小心摔倒了，紧跟在姐姐背后跑的小杰也被姐姐绊倒了，姐弟俩哭了起来。此时，坐在沙发上的妈妈连忙上前把姐姐抱起来，不停地安慰她。但对小杰，妈妈的态度就完全不一样，她只是检查了一下，发现小

杰没有受伤，就不以为然地说："男孩子，哭什么鼻子呀，男孩子要坚强。"

情绪是与生俱来的，哭是表达情绪最初的方式，也是孩子最常用的表达方式。可是，很多男孩却被剥夺了哭的权利，同时也被剥夺了任意表达情绪的权利。实际上，学龄前是男孩学习情绪表达的重要时期，男孩只有学会了如何表达自己的感受和情绪，才能学会去控制自己的感受和情绪。研究表明，会讲"我很伤心""我感到害怕"或者"我很难受"的孩子长大以后，比那些一直掩藏自己情感的孩子在情感方面更加健康。

孩子在3岁之前，他的表达能力比较差，基本需求都是通过哭来表达。如果妈妈不能接受他的表达方式，为了做父母心目中的好孩子，他会把负面情绪压抑在心底。有研究表明，这种压抑情感的表达方式很容易传递给下一代。也就是说，如果父亲小时候曾被要求不能哭，他就会用同样粗暴的方法去对待自己的孩子，因为他的潜意识告诉他男孩子是不能哭的。

因此，为了下一代的健康成长，父母对孩子再慎重些吧，允许男孩用"哭"来表达他的情绪。不要因为自己的无知，给孩子带来无法弥补的伤害，因为他有权利去真实地表达自己的情绪，而表达情绪对他的健康成长非常重要。

当男孩感到受伤或苦恼时，父母要鼓励他说出自己的感受，引导男孩去表达自己的情绪，这样才能将他培养成果断的人。在学习表达自己情绪的过程中，男孩也能学会认识情绪，因此他会更加善解人意，更能接受别人的温柔和关怀，也善于把温柔和关怀带给身边的人。当男孩感到受伤或苦恼时，父母可以这样做：

❶ 允许男孩发泄悲伤情绪

适当的哭对人的身体健康是有好处的，它能帮助男孩排解内心的消极情绪，帮男孩释放压力。因此，请允许男孩用哭来表达他的情绪。

5岁的浩浩因为被幼儿园老师误解而挨了批评，回家后看到妈妈，他委屈地哭了起来，边哭边告诉妈妈发生了什么。在整个过程中，妈妈并没有多说什么，只是一直轻轻地抚摸他。过了一会，浩浩不再哭了，妈妈才安慰并建议他："儿子，被老师误会肯定让人很难过，我完全能体会你的心情。要不我们向老师好好地解释一下？"

浩浩小声地对妈妈说："可是我不知怎么向老师解释，我担心他不相信我。"

"不会的，儿子，你可以……"妈妈耐心地和他聊聊该如何去向老师解释，并取得老师的信任。

后来，浩浩遇到了事情，他会想办法自己解决问题，而不再只

是个哭鼻子寻求妈妈帮助的男孩了。

6岁之前的男孩本来就不善于表达情绪，更多时候是通过哭来舒缓，如果父母还阻止他哭，就等于断了他发泄自己情绪的出口，他的心理负担就会不断加重。因此，父母要允许男孩发泄他的情绪，尤其是悲伤、难过时。

❷ 帮男孩找到更好的处理问题的方法

父母为什么会阻止男孩哭？因为大多数父母认为哭不是解决问题的办法。因此，如果男孩哭了，父母要找到男孩哭的原因，跟他聊一聊，帮助他找到自己的行为有哪些需要改进的地方，或者整件事中他忽略了什么细节……如果父母曾遇到类似的事情，可以向男孩介绍一些自己的经验。

如果男孩确实错了，父母也不要说诸如“让你听我的话你不听，现在好了吧”之类的话，否则反而会让男孩心生反感。当然，对于男孩哭的原因，父母不要妄加评论，要根据事件本身给男孩更加合理的意见和建议。

❸ 提醒男孩不要总是用哭去应对问题

凡事都有个度，虽然男孩可以通过哭泣来发泄情绪，但不能总是没完没了地哭。男孩哭过之后，父母一定不要忘记对男孩进行“勇气教育”，告诉他应该勇敢地去面对这件让他心里不舒服的事情，并战胜它。

另外，在日常生活中，父母要尝试让男孩想办法去解决各种小事，增长他处理问题的本领，提高他应对各种困难的心理承受能力。这样一来，当他再遇到难过的事情时，他就能够主动想办法去解决，而不是只用哭来表达情绪。

第二章
男孩更需要尊重

每个男孩都有一颗敏感而细腻的心，他们更渴望得到父母的尊重。因此，在养育男孩的过程中，父母要给男孩足够的尊重，这样才能更有效地帮助男孩成功地表现自己，使孩子获得心理上的满足与快乐，从而促进他健康成长。

管教男孩，不必大吼大叫

很多男孩都像一头小马驹一样桀骜不驯，总喜欢由着自己的性子来，爱动且一刻都不肯停下。在生活中，我们经常看到这样的场景：超市里，妈妈气急败坏地对孩子大声呵斥："今天不许再买玩具车了！"可孩子丝毫不买账，非但赖着不走，还哭闹不止，真是让父母难堪。

面对不听话的男孩，父母的耐性一旦被磨光，就会以粗暴命令的方式对待孩子，觉得反正是自己的孩子，想怎么教育就怎么教育。可是，在很多时候，"大声"并不能起到任何正面作用，只会让男孩感到难堪，让他觉得自己不被尊重，从而激起他的逆反心理，让男孩与父母之间形成对立，不利于男孩的发展。

在阿华的5岁生日聚会上，阿华邀请了几个要好的小伙伴来参

加。几个小男孩聚到一起，简直玩疯了，在客厅的沙发上爬上跳下的。爸爸担心他们会受伤，急忙冲他们吼，打算把他们震住，一时间是震住了他们，可爸爸刚转身去厨房里帮妈妈忙，几个男孩又打闹了起来。

妈妈从厨房里走了出来，没有大声吼叫，而是脸上挂着笑容，安安静静地用眼睛扫过正在打闹的孩子。

一分钟后，孩子们像是被施了魔法，安静了下来，都被妈妈的静默不言给“定”住了，安分地坐到沙发上。妈妈小声说：“小伙伴们，今天你们难得有机会聚在一起，我知道你们喜欢打闹，可是太大声就会遭到邻居的投诉，这样我们的聚会就进行不下去了。所以，请你们不要再继续打闹，先看一会儿电视，点心很快做好了。”

妈妈说完就回厨房继续忙了，小朋友们真的就安静了下来。

很多父母管教男孩，都喜欢通过大声来震住孩子，这种办法可能一时奏效，但并不是解决问题的最好办法。而温柔地讲道理反而能起到更好的效果。

人的大脑有一个特性，对于习惯性的东西往往会视而不见，听而不闻。比如，当父母第一次大声地责骂孩子时，孩子可能会被吓哭或安静下来，但次数多了，他就习惯了父母的这种大声教育的行为，因此再次被骂的时候，他的注意力就处在游离状态，根本就难以听进去，也就不可能达到父母预期的教育效果。

另外，父母大声责骂孩子会引起孩子紧张，一紧张，孩子的大脑就会自动转入逃生机制，注意力就放在如何应对父母的“大声”上来。而且，孩子善于模仿，如果父母大声吼他，他将来在外面和小朋友相处的过程中，遇到不顺心的事也会去大声吼别人，这样会影响他的人缘，不利于人际关系的培养。

在生活中，父母要用温和的态度对待男孩，别让男孩在粗暴的“大声叱喝”的环境中成长。当发现男孩犯错或有犯错倾向时，父母要注意控制自己的音量，用轻声细语来代替大吼大叫，用温和的态度对男孩讲清楚问题的后果，让男孩明白自己行为的后果。如此，男孩才能更健康茁壮成长。具体可以从以下几个方面做起：

❶ 父母要耐心倾听孩子的心声，尊重孩子的发言权

面对不听管教的孩子，父母往往会气急败坏地直接破口大骂。其实，这并不是解决问题的办法，反而会阻碍问题的解决。管教孩子，最关键的是要找出孩子犯错的原因，从源头下手。

“你现在不想睡觉是吗？那你明天一早能够按时起床去上幼儿园吗？”

“你已经有了那么多玩具车，我们这个月先不买，好不好？”

“儿子，这是个非常严重的问题，咱们再商量一下解决的办

法，行不？”

……

遇事应和孩子一起商量，倾听孩子的心声，而不是发号施令，利用父母的权威使得男孩服从。只有这样，家庭才会更加和睦，氛围才会更和谐。商量不是迁就，也不是妥协，而是父母与男孩之间的对话、沟通和相互了解。

孩子作为家庭的重要成员，即使他年龄再小，也有权利说出自己的心声。有些父母总喜欢在孩子面前保持权威，习惯以上对下的态度对待孩子，这样更会激化矛盾。因此，在孩子对着干时，父母不妨放低声音，同孩子协商，各退一步也许是最好的方法。

❷ 跟孩子讲道理，让孩子自己去体验后果

除了平时的告诫以外，父母要在实际情景中教导孩子，让孩子有同理心，让他学会站在他人的角度去体会，才能明白自己的行为会如何影响他人。如果孩子老是听不进去大人的话，父母再怎么大声吼叫也无济于事。因此，在保证安全和没有恶劣后果的前提下，父母可以让孩子体会“自食恶果”的滋味。

❸ 给孩子另外一个选择

当孩子犯了错误或者执意做一件事情时，父母不要只是冲孩子吼叫，用大道理来对孩子进行说教，更重要的是给他另外一个选择。也就是说，父母不要只说“不可以”，而要指出一条可以选择的路给他走。如此，男孩才能感觉到父母对自己的关心和关注，而不是漠然地管教。

晚饭后，4岁的小振又想在沙发上蹦跳，但是爸爸有事情要处理，没空陪他，沙发太小又担心他一不小心就摔倒了。于是，爸爸用商量的语气对小振说："儿子，爸爸有事情要做，要不你先回房间的床上跳一下，或者等爸爸忙完了，再陪你一起去公园跳？"

小振听了爸爸的建议，开心地说："好啊，爸爸，那我先回房间里面跳一下，等一会儿您要带我去公园玩啊。"

如果你还在抱怨男孩不理解你，老跟你作对，不听话且任性，那么就先想想自己是否能在理解和尊重男孩的基础上给男孩另外一个选择，给男孩一个更好的解决问题的办法。

面对脾气暴躁的孩子该怎么办

在现实生活中，经常看到有些“熊孩子”因为各种原因大声哭闹，在地上打滚或抱着大人的大腿赖着不走。这些暴怒中的孩子往往不听劝阻，除非大人满足他的要求，否则就会僵持下去。

导致男孩脾气暴躁的主要原因是家庭环境。如果生活在一个家庭成员不和睦，父母私心较重或者教育观念落后的家庭中，男孩的脾气就很容易变得暴躁。有些父母认为，小孩子不顺心时发脾气是很正常的，反正一转眼就会忘了。甚至有些父母在孩子发脾气时，也跟着发脾气，用发脾气对抗发脾气，这种感情用事的方法是改变不了孩子爱发脾气的坏习惯的。

正确的做法应该是要与孩子多沟通，了解孩子的需求，关注孩子同小朋友之间的交往。父母可以多方面关注孩子的生活，了解孩子的心理特征，这样才能体会孩子的心情，如孩子会因小伙伴不让他参与到游戏中而发脾气，此时父母要了解孩子被拒绝的心理，才能加以开导和耐心说明，才能消除或减轻孩子发怒的情绪。

15个月的小深会叫爸爸妈妈、爷爷奶奶、叔叔阿姨等，也会说1、2。他走路走得很好，也会做一些简单的事情，比如，他会拿抹布擦鞋、擦桌子。可是他的脾气却很暴躁，如果事情不按他的意思去做，他就会哭闹，甚至摔东西。妈妈为他的暴脾气感到非常的困惑，不知如何去缓和他爱发脾气的情绪。

孩子有探索的愿望，但很多父母以“保护孩子”为由阻止孩子探索，孩子就会通过发脾气来表达他的挫败感。一旦次数积累多了，孩子就会越来越容易脾气暴躁。父母不妨把事情分清楚，满足孩子做一些事情的愿望。在没有涉及原则性问题的情况下，父母可以让孩子做他想做的事，减少跟孩子的冲突。对于那些确实涉及安全、卫生问题的，父母要坚决阻止。

对于男孩的暴躁脾气，父母可以从以下几个方面去纠正：

❶ 对待孩子要有耐心

养育一个男孩需要多大的耐心，只有做了父母的才能够了解。有时，父母精心为他准备好了一顿大餐，可是他却一口都不愿意吃；有时，父母还有一大堆的事情要等着哄他入睡之后再去完成，

他却怎么都不肯睡觉；有时，父母晚上瞌睡得眼皮直打架，他还在不停地玩耍……面对这样精力充沛的小男孩，你有足够的耐心吗？

其实，父母以所有的耐心和最大的限度去满足孩子的合理要求，只是不希望自己的行为态度潜移默化地成为孩子性格的一部分。父母没有耐心、粗暴，孩子也很难会耐心、温和。

5岁的肖呈特别没耐心，脾气也很暴躁。有时妈妈带他出去买东西，遇到太多人排队，他就会显得非常急躁。妈妈为了纠正他的性格，想出了一个好办法。

一天晚饭后，肖呈又叫妈妈去逛超市。要是平时，正在搞卫生的妈妈会立马放下手边的活儿，先陪他去超市，回来后再继续搞卫生。但这一次，妈妈温和地对他说："宝贝，我很乐意陪你去超市，可是我还需要搞卫生，要不，你等一下妈妈，好吗？"

"不行，去完超市再回来搞卫生。"肖呈霸道地说。

妈妈伸出沾满泡沫的手，对肖呈说："儿子，你看妈妈满手都是泡沫，要是等一下回来再搞卫生，妈妈又要重新做，这样不行的。你先一边玩玩具，一边等一下妈妈，好吗？"

"好吧。"肖呈虽然不情愿，但还是答应了妈妈。

面对没有耐心的孩子，父母不妨从小就让他学会忍耐和等待，即使他的要求合理，也可以让他等等，锻炼孩子的耐心。

❷ 面对孩子无理的要求，父母要始终如一地拒绝

遇到孩子提出无理的要求时，父母一次都不能妥协。父母对孩子说出“不行”“不能做”时，很多男孩并不会马上放弃他的行为，而是通过其他的方式试探父母的态度。如果父母的态度稍有妥协，他们就会敏感地抓住这一点，得寸进尺。此时，作为父母，要坚决地把孩子抱开，转移他的注意力，而不是继续重复地说“不行”，与孩子较量。孩子从父母坚决的态度上，可以知道某一件事是真的不能做。

对待孩子的行为，父母要尽量做到始终如一，避免造成孩子思维、判断的混乱。处理同样的事件要给出同样的标准，如果父母今天这么做，明天又告诉他这样做不行，这样会造成孩子的认知混乱，孩子也会通过“发脾气”的伎俩去获得“通行证”。

❸ 适当地给孩子一点权利和责任

随着孩子自我意识的慢慢形成和发展，父母要给男孩一点权利和责任，不要一味地要求孩子事事都顺着父母的意愿，即使是“为他好”。其实，父母有时不妨给孩子一点权利，让他自己承担责任，树立起责任意识。

当孩子把一大堆的玩具弄得满地都是时，父母要和他一起收拾玩具，或者引导他自己收拾；他掉落的东西，让他自己捡起来；如

果孩子摔倒了，请不要急着去扶起他，先鼓励他自己爬起来；凡是他自己能做到的事情，请放手让他去尝试。

总之，让孩子按照自己的意愿行事，孩子不但开心、乐观，还能养成独立、有主见的性格。同时，还能减少孩子因不能满足自己的愿望而发脾气的机会。

以骂代教不可行

男孩的管教确实不易，有些父母一看到男孩闯祸，不分青红皂白就开骂，不仅批评男孩的行为，连男孩的人格也一并加以否定。其实，这很伤男孩的自尊心，不利于男孩树立自信和自尊。如果男孩做错了事，父母只需指出他错在哪里、该做什么就可以了，这样的管教会让男孩更加受益。

遗憾的是，很多父母在养育男孩时，总喜欢边责备边辱骂。比如，“你真笨，这都会错！”“天啊，你怎么就那么不开窍！”“你是猪吗？喝水都能洒一地。”如果男孩不懂事，不善与人交往，有的父母就会骂：“傻啊，你看人家××说话多好听，你看你，叫人都不会！”

相比起对待女孩，大多数父母对男孩的要求更加严格，对待他的错误和缺点也更苛刻。出于望子成龙的心理，在养育男孩的问题上，父母不袒护、不放任的态度是没有错的，这种批评的方式也许

能得到暂时的效果，但长期使用很容易打击男孩的自尊心，也会导致男孩的脾气变得暴躁，对男孩的身心健康发展极其不利。

小王是单亲家庭的孩子，父亲在他3岁那年就因病去世了，是妈妈含辛茹苦地把他带大。可是小王长大后，动不动就对妈妈大呼小叫。

原来，小王小时候是个聪明活泼的孩子，由于年纪小，偶尔会犯些无伤大雅的小错误。可是，到了妈妈眼里就不这样了。自从爸爸去世之后，妈妈唯一的希望就是儿子能长大成才，因此对儿子的要求也变得苛刻起来。

只要一看到小王做错了事，她就忍不住口不择言地骂儿子：

“你不努力，以后长大了能有什么出息？”

“你除了闯祸还会干什么？一点用都没有！”

“我告诉你，我骂你是为你好，你知道吗？”

……

久而久之，随着小王被骂的次数多了，原本活泼聪明的小王变得内向胆小、行事胆怯，也不会沟通和表达，和身边的小朋友距离越来越远。

其实，在中国，大多数孩子都是被骂大的，因为父母总觉得孩子不懂事就得骂，不骂不懂事，不骂不成才，甚至大多数父母像小王的妈妈一样觉得骂孩子是为孩子好。

可事实上，孩子的成长不是骂出来的。父母经常骂孩子，是不尊重孩子的一种体现，在辱骂下成长的孩子难以形成自尊心和自信心，这对他的性格会造成不可磨灭的影响。

据心理学研究，批评教育的方式并不适合男孩的心理发展特征。每一个孩子都有上进心，即使是毛病一大堆的男孩，他们也希望得到大人的表扬和肯定。父母多夸奖男孩，无论在精神上、情绪上，男孩都会获得激励，这种积极的正能量可以促进男孩自尊心的塑造，从而增强男孩的自信心和上进心，使其产生“我要做得更好”或者“我会继续努力”的心理。

相反，如果男孩经常遭受到父母的批评，不管做什么都得到否定，父母根本看不到他的付出，也不尊重他的努力，他就会郁郁寡欢，觉得自己一无是处，逐渐丧失自信心和自尊心，变得懦弱甚至产生逆反心理。

小杰从小跟着爷爷奶奶一起生活，爷爷本着“棍棒之下出孝子”的教育思想，对他的教育特别严格，一旦他犯了错误，就会受到爷爷一顿训骂。爷爷对他极其严格，让他变得更加叛逆。比如，奶奶叫他不要把饭弄到地上，他就故意把饭撒到饭桌上，成了一个实实在在的“坏”孩子。

4岁半那年，爸爸妈妈把他接回身边。刚开始，他也特别不听话，故意违背爸爸妈妈的指令做事。妈妈心里急，但妈妈并不会训斥他，而是采取温和的方式来教育他。

一次，他喝水的时候，故意洒了一地的水，妈妈没有骂他笨，而是夸奖他说：“宝贝，你真厉害，自己动手丰衣足食啊。但是宝宝，下一次要是不把水洒出来就更棒了。”在妈妈的鼓励和肯定下，他感觉到了自己被尊重，也就愿意“做得更好”。

对于成长中的孩子来说，每一次小小的批评和辱骂对他幼小的心灵都是巨大的创伤，父母对他的否定越多，他就越会对自己产生否定的认识。所以，父母要想让孩子重新变得听话懂事，不如先改变不良的教育方式，对每一个男孩不要抱有成见，无论他有多么优秀或多么平凡，像小杰的妈妈一样，尊重小杰的每一个行为，他才会做得更好。

父母应该明白，批评是伤害孩子自尊心的最大敌人，而培养男孩的自尊心是教育的重要责任。无论处在哪一年龄段的男孩，都不喜欢受到大人的训斥和羞辱，尤其是6岁之前的男孩，他们正处在人格形成的重要阶段，每一次训斥都是一种羞辱，打击的是男孩最重要的自尊。男孩更在乎别人对他的看法，如果实在有必要指责，父母应该私下善意地告诉男孩，哪些事情能做，哪些事情不能做。

父母要与孩子坦诚相待。在养育男孩的过程中，难免会遇到一些麻烦，父母可能会因为孩子的错误而生气，但最好的办法是与孩子真诚地交谈，让孩子走出误区。

总之，父母粗暴打骂或体罚孩子，对孩子自尊心的塑造非常不利，会明显增加儿童品性障碍的发生，容易使孩子形成自我否定意识，产生抑郁、退缩、胆小等心理，甚至会使男孩产生顶撞、反抗等攻击行为，出现暴力倾向，不利于孩子的性格形成。

不打不骂是教育3岁前孩子的正确方式

心理学家埃里克森的人格发展阶段理论中指出，3岁的孩子处于游戏期阶段，孩子的自主感十分强烈，同时孩子的良心、道德感也有了发展，自我统一性开始出现，而3岁前的孩子，这些都没有出现，或者只是刚刚发展。

也就是说3岁前的孩子心理发育尚不成熟，缺乏规则意识。他们的很多动作都是无意识的。在这个阶段，孩子犯了错误，如果父母采取打骂的形式对待孩子，并不会对孩子起到警示作用，只会让孩子对自己的行为感到疑惑，慢慢地，他会形成胆小、怯弱的性格。

例如，孩子喝水时不小心洒出水来，父母用打骂来惩罚他，此时在孩子的意识中形成的是“喝水是错的，喝水会招来打骂”，而不会形成“是因为洒水，这不符合喝水的规则才受到惩罚”的意识，从而可能会引起孩子拒绝喝水的心理。

所以，当孩子犯错时，父母应该用适当的语气跟孩子讲明错在哪里，该如何去做，而不是动手打孩子。3岁前的孩子，怎能受得了父母的打骂？

然而，如今把打作为教育手段的父母不在少数，结果呢，打不出孩子的行为规范，反而打没了男孩的探索精神，打出了男孩胆小怕事的性格。简单粗暴的教育方式并不适合现代男孩的养育，更不适合运用到3岁前男孩的养育过程中，对男孩的身心健康具有许多不良影响。

父母的打骂会让男孩产生恐惧感。在生活中，我们经常会看到这样的现象：孩子不听话哭闹的时候，父母就会吓唬孩子说："你再闹，警察叔叔就把你抓起来关进黑房子里，警察叔叔专门抓不听话的小孩子。"受到这种恐吓长大的孩子，就会对警察产生恐惧的心理，甚至一看到警察就会大哭大闹、精神紧张，且万一遇到困难或坏人时，不敢向警察求救，导致更加严重的后果。

经常挨打的孩子，会感到孤独无援，尤其是父母当众打孩子，会使孩子的自尊心受到严重的伤害，他们往往会怀疑自己的能力，变得比较压抑、沉默。

在一个公交车站台上，一位父亲抱着2岁左右的小男孩在等车，为了轻松一点，父亲把男孩从怀中放了下来，让孩子在站台上

玩。不一会儿，小男孩看到地上有个食品袋，便好奇地捡了起来，打开袋子，想看看里面有什么。

此时，父亲刚好低头，就看到了小男孩正在使劲地撕包装袋，双手沾满了零食残渍。父亲立马从小男孩手中拿走食品袋，接着狠狠地打小男孩的小手，边打边生气地问："还乱捡东西不？"小男孩哭着说："不捡了，不捡了。"

每个孩子都有强烈的好奇心，喜欢探究未见过的东西，如果父母用打骂的方式来阻止孩子的探索欲望，那么就会降低孩子以后探索新事物的感知能力，使孩子变得胆小害羞。

幼儿对细菌的免疫能力较差，出于卫生考虑，很多父母都不让孩子乱碰脏的东西，如垃圾、硬币或掉到地上的食物。但孩子出于好奇，看到陌生的东西就会伸手去摸摸，捡起来看看。如果捡了，父母就用打手心来让男孩记住不要随便捡地上的东西，却忽略了孩子的好奇天性。男孩的探索欲望被打断了，可能就会让男孩觉得探索未知是不对的，长此以往就会扼杀男孩对自然中事物的热情和兴趣。

在孩子3岁前的这一年龄阶段，面对孩子的无理吵闹、好奇探索，父母往往感到很头疼，既要管住孩子，让他形成良好的习惯，又不能体罚他，该如何去教育犯了错误的孩子呢？

（1）冷处理男孩的无理取闹。当男孩通过吵闹来要求得到某些东西时，父母要进行冷处理，且表明不能达到他的要求，不能因为孩子的吵闹而满足孩子，更不能以一时的体罚来阻止孩子的要求，避免孩子在自己吵闹和大人满足要求之间建立条件反射。

（2）对于喜欢乱碰东西、探索的孩子，在不造成身体伤害的情况下，可以有指引性地陪伴孩子去探索，可以让他碰一碰煮热的食物，让他直接体会其中的危险。

（3）当孩子的行为不对时，可以用生气的表情告诉孩子。这一阶段的孩子已经学会了看大人的脸色行事，父母可以把自己的愤怒和生气写在脸上，这样孩子就会敏感地捕捉到，从而停止自己的错误行为。同时，父母要跟孩子解释他的行为中存在哪些错误。

（4）父母要给男孩讲明一些简单的道理，说清楚这些事情给他带来的直接伤害。比如，可以对他说："乱碰开水瓶，就会被烫到，就像打针一样痛。"

教育3岁前的男孩的方式有很多种，简单粗暴地打骂是绝对不可取的教育方式。男孩犯了错误，父母以打骂来教育孩子，给男孩留下的不仅是身体上的疼痛，还有心灵上的伤痕，他们会变得胆小畏缩，不敢去探索、去尝试。另外，有些孩子为了逃避父母的打骂，就通过说谎来隐瞒父母。总之，请别用打骂来教育男孩。

尊重，是给男孩最好的礼物

心理学研究认为，一个人的人格基础是在6岁之前形成的。人格的形成，不是父母通过“大棒”教训出来的，也不是通过讲道理教导出来的，而是通过父母与孩子之间的关系模式形成的。如果儿童生活在相互承认和尊重的环境中，他就会学会自尊和尊重他人。

在婴幼儿时期，爱和尊重远比教育更重要，健康、和谐而亲密的亲子关系远比更多的知识重要，这是形成健康人格的基石。所以，与其急着给孩子灌输大量的知识，不如给他好的关系，爱他，同时尊重他。只有父母尊重孩子，他长大以后才会懂得自尊，也才会尊重他人。

如果把父母对孩子的行为分为三种情况，那么：第一种是，无论孩子做什么，父母都会否定他和批评他；第二种是，无论孩子做什么，父母都忽视他；第三种是，无论孩子做什么，父母都会尊重他的选择和做法。显然，在最后一种父母的陪伴下成长的孩子更能成才。

父母要教育好孩子，就要先学会尊重孩子和了解孩子的想法。如果父母总按自己的想法和观点行事，就会让孩子产生叛逆心理，这种教育方式收不到良好的教育效果。当孩子顶撞父母时，父母就会觉得很伤心，因为感觉孩子不尊重自己。可是，父母在做任何事情之前是否尊重过孩子呢，父母应该明白，尊重和理解是相互的。

有些父母觉得孩子是自己的，自己有权利知道孩子的隐私，就随意地侵犯他们的隐私权，这个想法是不正确的，这会伤害到孩子的自尊心，让孩子觉得父母一点儿都不尊重自己，从而也不会对父母表现出尊重。

随着年龄的增长，孩子慢慢就会有自己的小秘密，父母要学会站在孩子的立场上思考问题。有些事情他不愿意让父母知道，这时，父母应该学会尊重孩子。如果父母想了解孩子的想法，可以以一种平等的态度和他说话，让他感觉到父母对他的尊重，从而他也会尊重父母。父母具体可以这样做：

❶ 涉及孩子的事情不妨多与孩子商量

婴儿刚刚降生就有了自我意识，通过哭闹来表达自我，到了4岁或5岁的时候，儿童就开始建立起早期重要的自尊感，因此这个年龄的孩子有些表现得胆小、唯唯诺诺，有些表现得勇敢、自信，关键就在于父母如何对待孩子。

孩子的事，父母主动和孩子一起商量，不仅可以了解孩子的想法，还能让他从内心里感受到父母对他的尊重，这样孩子才愿意配合父母，并和父母分享他的想法。

4岁的明明正在上幼儿园，很多同学都报了特长班，妈妈担心明明会落后于其他同学，就想让他也学点特长。一天晚饭后，妈妈找明明商量起了这件事情。

妈妈说："儿子，要不我们也去上个特长班？"

明明疑惑地问："什么是特长班呀？"

妈妈解释道："就是学习跳舞、画画、弹钢琴之类的，你要去学什么？"

明明问："我也可以自己在家里画画。"

妈妈笑着说："但是在特长班里，会有很多小朋友一起陪你画画，还有老师帮你指导，你就可以很快进步，也能画得更好呢！"

明明想了想说："那我就没有玩的时间了。"

妈妈提议说："我们可以周六玩一天，周日再去上课呀！"

明明欢喜地答应了，也越来越喜欢画画，在老师的指导下，进步也很快。

妈妈希望明明参加特长班，但她并没有擅自做主帮他决定，而是和明明商量，让他自己决定，也尊重明明的想法。这就让明明感觉到了妈妈的尊重，于是他主动去上课，愉快地接受了这一安排。

❷ 父母要经常和男孩沟通

父母想要了解男孩的想法，就要经常和男孩沟通，但一定要与男孩站在平等的位置上，以一个朋友的身份去跟他对话，而不是居高临下地命令，这样男孩才更愿意与父母沟通，也愿意说出自己的想法。

最近一段时间，钟其总是闷闷不乐的，爸爸决定和他聊聊。做完作业后，钟其从房间里出来看电视，爸爸坐到他旁边，对他说：“儿子，爸爸想和你说说话。最近爸爸单位要考试，学习很多新知识，爸爸年纪大了，学习有点吃力，要是考不过，就不能加薪，爸爸挺烦的。”

钟其说：“爸爸，没事的，您是一个很厉害的人，我相信您肯定能考得过，您别太担心。”过了一会儿，钟其又接着说：“我这些天也烦，我后面是一个特别调皮捣蛋的男孩，长得很高，就会欺负我，上课时总是不停地在我后面骚扰我，让我不能集中精力听课。”

爸爸说：“那你跟他说了吗？”

钟其烦恼地说："说了，但没用，他还是一样。"

爸爸说："那你可以向老师反映一下，让老师跟他说，如果他还不听，就把他安排到第一排，让他前面没有人。"

钟其说："可是，我怕老师会训斥我呢。"

爸爸说："不会的，老师就是要维持课堂秩序嘛。你有问题可以找老师，老师解决不了，你再告诉我，爸爸相信你一定能够处理好的。"

钟其问："真的吗？"

爸爸说："当然，我们一起努力。"说完，父子俩伸出手相互击掌，表示鼓励和支持。

在孩子遇到烦恼的时候，爸爸以一个朋友的身份向孩子说了自己的烦恼，同时引导孩子说出自己的想法。通过这种对等的交流，让孩子觉得非常轻松，感觉得到了父母的尊重，那么他也会去尊重父母，这样就拉近了父母与孩子之间的距离。

❸ 父母应该学会倾听男孩的想法

如果孩子想要跟父母说出自己的想法，无论父母在忙什么重要的事情，都要先把手里的事情放一放，认真地倾听孩子的想法，让孩子感觉到父母对他的重视和尊重，这样孩子才会有主动与父母进行交流的意愿。

很多孩子都会觉得父母不尊重自己，因为每次跟父母说话的时候，父母都是一边做事情一边听他们说话。很多父母觉得这没什么影响，其实给孩子的感觉是父母并没有用心地听他说话。下一次，孩子也不愿意主动告诉父母关于他自己的事情了。

父母在与孩子交流的过程中，要采取正确的沟通方式，让孩子感受到父母的尊重，孩子才会主动地向父母说出自己的想法，这样才有利于构建和谐的亲子关系。

第三章

走进孩子的内心世界

拿破仑·希尔曾说："人与人之间只有很小的差异，但是这种很小的差异却造成了巨大的差别。这种很小的差异就是我们的心态是积极的还是消极的，而巨大的差别就是成功和失败的差别！"良好的心理素质是男孩成功的关键，积极乐观的心态能激发男孩的热情和创造力，父母要走进男孩的内心世界，培养男孩积极乐观的心态，让男孩获得更多正能量。

打造男孩超强的心理素质

每一位父母都希望自己的孩子能够健康快乐地成长，于是会采取过度保护孩子的方式，不让孩子受到一点委屈和挫折。然而，当孩子走出家庭这个大怀抱，一旦没有了父母的庇护，遇到不顺心的事情，孩子就会失去信心，甚至轻生。这就是孩子心理素质不强造成的。

孩子的心理素质不是天生的，是后天父母培养出来的。为了让孩子拥有不孤僻、不怪异、不容易自卑、不脆弱，面对挫折能够淡定从容的心理素质，父母就要注意从小对孩子进行培养。

良好的心理素质是一个人成功的关键，也是引领孩子未来生活的重要指向标。良好的心理素质，不仅包括稳定乐观的情绪和积极健康的情感，还体现在能与周围人友好相处并保持良好的人际关系，保持适度的自尊和自信。

孩子的成长过程并不是一帆风顺的，总会遇到一些困难和失

败，而孩子如何去面对生活的不顺，是父母在教育孩子时必然要面对的问题。

王凯是个要强的孩子，一年级的几次测试都是班级第一。但是，期末考试，王凯发挥失常，只考到班级第三，这让他心里非常难受。

王凯的妈妈无法理解儿子，对儿子说："以前都是第一的，这次才考了第三，我看你是没心思学习，不是读书的料。"这一下子就打击了王凯，让王凯也给自己贴上了"不是读书的料"的标签，失去了信心，从此越来越不喜欢学习，成绩也越来越差。

李坤是王凯的同学，画得一手好画。可是，他在一次原本感觉有把握的画画比赛中落榜了。回到家看到妈妈，李坤什么都不说，情绪低落。李坤的妈妈看了，说："儿子，没关系的，失败了没关系。你有勇气参加比赛，就已经值得表扬了，妈妈看到了你的努力，妈妈为你感到骄傲！"

"可是，现在我感到很难受……"李坤情绪低落地说。

"儿子，你只要在参与比赛的过程中有收获就可以了，结果如何，我们真的不必在意。"

面对孩子的失败，两个家长的做法截然不同，而两个孩子最后的表现也不相同。受到鼓励的孩子会更加勇敢地面对失败，而受到家长叱喝和否定的孩子则惧怕再一次失败，选择直接放弃努力。其实，在孩子的成长过程中，总会遇到一些逆境和失败，这是再正常不过的事情。作为父母，应该让孩子明白，失败并不可怕，不知以什么心态去面对失败才可怕。父母要积极引导孩子，从小给孩子打造良好的心理素质，这是孩子最大的成功。具体可以从以下几个方面去做：

❶ 培养孩子的自主性，减少孩子的依赖心理

如今的孩子在优越和溺爱的环境中成长，他们缺乏自立自主的品质。父母要有意识地改变观念，减少对孩子的溺爱和迁就，从小培养孩子的独立生活能力，给孩子更多的自我锻炼的机会，减少孩子对父母的依赖，提高孩子对社会生活的适应能力，培养孩子的独立性。

在教育问题上，父母可以采取民主的态度，注重给孩子自主权，经常给孩子发表自己观点的机会，让孩子参与家庭决策，并对自己的行为和选择负一定的责任，锻炼孩子解决问题的能力。

❷ 对孩子进行适当的挫折教育

很多孩子在父母的庇护下成长，从未受过挫折，这其实不利于孩子的未来发展。很多高中生可能因为一次月考失败或者老师对其态度的转变而放弃学业，这其实与他小时候所受到的教育是息息相关的，尤其是从小比较优秀的学生。小时候，他们考试失利时，父母都会开导他们，当他们长大了，独立了，父母不能时时刻刻陪伴在他们身边，遇到了挫折，他们就会产生强烈的挫败感，从而选择放弃。

父母有必要对孩子进行恰当的挫折教育，锻炼孩子在困难和挫折面前不低头的坚强意志和性格，并通过营造宽松的家庭氛围，允许孩子有自己的想法和生活方式，使孩子形成客观、宽容、忍耐及豁达的心态。如此，孩子在挫折面前才能泰然处之，保持乐观与自信。也不会因为一次的失败而放弃整个人生理想。

❸ 对孩子有所期望，培养孩子的自我价值

第一，利用各种机会帮助孩子获得他们可能掌握的能力。父母可以对孩子提出一个恰当的期望值，但这个值不能太低，需要孩子经过努力才能达到；也不能太高，孩子尽一切努力都达不到。可以给孩子设计一些促使孩子成功的情景，让孩子自己解决问题，父母要有耐心陪伴孩子，不能过于干涉或包办代替，让孩子永远体会不到通过努力获得成功的喜悦。

第二，对孩子的言行提出适度的评价，及时肯定孩子的优点，以积极的、正面的态度去接纳孩子的各种行为。父母不要吝啬带有鼓励性的语言，因为成人的评价在很大程度上影响着孩子的自我评价。所以，我们要教孩子学会正确地评价自我，让孩子了解自己的长处与不足，并加以调整、改进。

别打击男孩的冒险精神

时常有妈妈感叹："有了儿子之后，跟着他，我整天活在担惊受怕中。"

的确，每个男孩的童年都少不了各种外伤。这主要因为男孩喜欢激烈、刺激的游戏，越是能激起他们的情绪，他们就越喜欢尝试。男孩爱冒险，喜欢与人争吵、出风头，与女孩相比，男孩显得更"闹腾"。

其实，爱冒险并不是坏事，有着正面积极的意义。男孩喜欢冒险，是他的好奇心在推动。如果男孩的好奇心比较重，他就有动力去获取更多的科学知识、生存技能、劳动技能等。父母要善于引导男孩的冒险精神，给男孩一个有创意的人生。

有位妈妈在儿子的成长手记中这样写道：

10个月他就敢撒手走路，但走得不稳；1周岁会走路以后，基本都是一路小跑，大人都要一路快跑才能赶得上他。

一不留神，他又爬到了沙发的靠背上，故意从靠背上摔到沙发上，你担心得要死，他却在那里大笑。

爸爸在换灯泡，他也三步两脚地往梯子上爬，我过去给他扶梯子，他还不乐意，急得嗷嗷大叫。

14个月时就玩起了爸爸的工具袋，手指不小心被锤子敲出了两个大水泡，哭过之后，他就用另外一只手把水泡撕破，露出了红肉，可他依然到处摸、抠、抓。给他擦药时也很配合，给他贴创可贴时嘴巴不停地念着："贴！贴！贴！"

自从他会走路后，已经N多次因为速度太快又莽撞，撞到了门上或摔倒在地，照例是不撞痛不会哭，爬起来继续前行。

……

男孩天生就爱冒险，他们对这个世界充满好奇，于是就有了冒险的行为。冒险都会带有潜在的危险性，因此，父母要陪着男孩一起冒险，这样不仅可以保护男孩，还可以促进亲子关系，也能让男孩在冒险中玩得更加尽兴。父母可以这样去做：

❶ 理解并允许男孩的冒险行为

爱动、好冒险是男孩的天性，他们需要广阔的空间和自由的行动去释放自己的能量。可是在生活中，很多父母要求孩子安静，想方设法去约束孩子的行为，看到孩子在“虐待”玩具或“修理”家里的小电器时，就要去干涉他。

6岁的小虎突然对电感兴趣。有一天，他看到爸爸放在桌子上的测电笔，就拿过来去试接线板的插孔，看着测电笔上的灯接上插孔一下子亮了，离开就又灭了，他挺感兴趣地想研究个究竟。此时，这个行为被爸爸发现了，但爸爸并没有勒令他马上住手，而是走到孩子身边，对他说：“儿子，你在玩什么呀？”

小虎说：“我在玩这个笔，它好神奇，可以发光。”

爸爸认真地对小虎说：“儿子，你手里拿的叫测电笔，它不是玩具，是人们用来防止触电的工具。你知道为什么我们可以用测电笔去触电，人不会触电吗？”

小虎若有所思地摇摇头。

“那是因为测电笔上面这一端是用特殊材料制作的，是绝缘体，可以防止触电。但是下面的那一节铁丝，是绝对不能碰的，铁能导电，可以把电传到人的身体上，把人电得很痛，甚至会把人电死。电是很危险的，我们不能乱拿东西去触碰电，不然我们就会触电的。”

小虎听了爸爸详细的解释，很满意地对爸爸说：“爸爸，我明白了，谢谢您。”

很多男孩喜欢玩与电有关的物件，大多数父母一看到男孩有了这些行为，就勒令孩子停手，然后给孩子讲电的可怕性。可是，案例中的爸爸并没有立马阻止小虎去试电的行为，而是正确地引导孩子去认识电，既满足了孩子的好奇心，又可以让孩子通过亲手试验了解电的可怕性。

在孩子的成长过程中，孩子的好奇心会比较强，尤其是男孩强烈的冒险心理。如果他这一次的“试电”行为没有得逞，他的好奇心并没有得到满足，可能会趁着父母不注意时再次进行他的冒险实验，这样的结果更加可怕。因此，父母要理解男孩的冒险心理，正确地引导孩子的冒险行为。

❷ 正确地对待男孩的固执

越是不现实的事情，男孩就越想去尝试。从襁褓期开始，男孩就不喜欢接受别人的帮助，即使是他力所不能及的事情，他也会坚持不断地尝试。此时，父母不要急着阻止，而是应该给他足够的时间去调整。

3岁的小瑞和妈妈去超市，他看中了一架遥控飞机，非要让妈妈给他买。妈妈说他太小了，还不能玩这个玩具，不好控制。可是小瑞好像没听见，执意要买。

妈妈看到小瑞不达目的不罢休的架势，便陪他在遥控飞机旁边站着看它。一会儿，一个7岁左右的小男孩也刚好逛到这架遥控飞机前，看到这一架遥控飞机便对另外一个小伙伴说他也有一个一样的遥控飞机。妈妈便主动地对小男孩说了小瑞也想买的想法，小男孩马上对小瑞说："你太小了，这个遥控飞机不好把控的，你遥控不好的话很容易会摔下来摔烂或撞到其他东西，你可以等长大一点再买。"小瑞似乎相信了小男孩的话，便主动地要求妈妈带他离开。

在小瑞接受自己不能买遥控飞机这个事实的过程中，妈妈没有说太多，而是借助别的孩子的口，说出了她想说的话。对于同龄人的话，男孩更容易接受。因此，当孩子固执地坚持一件事情的时候，父母不妨借助其他同龄小伙伴的口，说出想说的话，说服效果会更好。

❸ 教男孩学会自律

男孩有很强的进攻性，有时是因为好玩，有时是因为愤怒。不管什么原因，当孩子出现无理攻击的倾向时，父母要及时让孩子明白这些行为是不正确的。

父母可以通过一些节目、图书来告诉孩子什么样的行为才是正确的，同时把节目、故事上升到价值观、道德观的高度，培养孩子正确的价值观和道德观。

男孩的阳刚之气是培养出来的

“阳刚”应该是男性所具备的最为突出的、优秀的品质，这种品质具体表现为自信、勇敢、果断、大方等，是男性应对激烈的社会竞争所必不可少的素质。可是，很多父母发现很难在自家的男孩身上看到阳刚之气，他们常常表现得很脆弱，完全没有男子汉该有的坚强和勇敢。

6岁的王鹏尽管在各方面表现还不错，可他的性格完全像一个小女生，甚至比同龄的女孩还腼腆。每次有人来家里做客，他都躲在房间里，不肯见人。新学期开学之后，不到一个月的时间，老师已经打过4次电话给王鹏的妈妈，反映他不敢和班里的小伙伴一起玩耍，还动不动就哭鼻子。

原来在他3岁时，爸爸因工作原因去了外地，平时他就和妈妈、奶奶一起生活。周围的人对他照顾有加，可是在这个全是女性的环境中成长，他的男子汉气概越来越弱了。

男孩缺乏阳刚之气，说话细声细语，胆小怕事，更多的原因是环境对他的影响。小时候，父亲以工作忙为由，把养育孩子的任务交给了母亲。在以母亲为核心的家庭教育环境中，父亲男性化角色的缺失，很难塑造出孩子勇敢、顽强、刚毅的男子汉气质与性格。

男孩在成长过程中，遇到了困难、挫折，父母都一一为他们解决，没有遭受到挫折，就难以培养出男孩的阳刚之气，反而在父母无微不至的呵护下养育出了文弱、多愁善感、“娘娘腔”的男孩。父母不要以为生了男孩，孩子就有了男孩的性格，阳刚之气并不是男孩天生的，需要社会角色的教育。

当然，“阳刚教育”不能单纯地理解为肌肉发达、勇猛好斗、外形强悍，更重要的是男性所具备的突出的、优秀的性格和品质。一个人的阳刚之气，是后天培养出来的。因此，父母要给孩子充分的精神空间，为培养孩子的阳刚之气提供足够的“养分”。父母可以从以下几个方面培养男孩的阳刚之气：

❶ 给孩子表现的空间，不要排斥孩子的个性发挥

如今，关于“好男孩”的标准有着无数的条条框框，有些父母过于迷信这个标准，就把自己的孩子框到了这个标准内，一味地要求孩子按照自己的意愿或“标准”去行事，而从不考虑孩子的想法和感受。

试想一下，如果每个人都按照这个“好男孩”的标准去发展，那么你的孩子就会像其他孩子一样没有自己的个性。也就是说，孩子小的时候，父母如果给了孩子太多的框架，就会束缚孩子的个性，只能培育出一个没有锋芒、缺乏主见的精神侏儒，很难在未来的发展中发光出彩。

❷ 培养男孩敢于直面逆境的信心与毅力

一位美国儿童心理学专家曾说：“童年十分幸福的人常有不幸的成年。”这句话的意思是说要是一个孩子在童年时期一帆风顺，没有经受挫折，等他们长大以后，步入社会中，就会因难以适应而痛苦不堪。

在孩子还小的时候，父母总是竭尽所能给孩子打造一个“无障碍”的环境，希望孩子能顺顺利利地成长，可未曾想到，这一份“顺利”很容易剥夺了男孩的阳刚之气。父母可以给孩子创造良好的学习和生活环境，但切不可将其当作温室的花朵来培养。让其经历风雨磨难，他才能勇于克服软弱，形成刚毅的性格。

当孩子试着做一件事而没有成功时，父母不能只告诉孩子“输就输吧，没关系”，而是应该帮他分析失败的原因，让他找出自己的不足，从失败中收获经验和教训。孩子做错了某一件事，请父母不要小题大做，认为孩子无能或否定孩子，一次的失败只能说明他刚好没有掌握处理这件事情的技巧。只要掌握了技巧，他也可以把事情做得更好。如果孩子一失败，父母就采取指责的态度，就会打击孩子的自信心，不利于孩子阳刚之气的培养。

❸ 父母要共同负责孩子的教育，形成互补

男性具有果断、独立、自信、敢于冒险等品质，这些也正是所说的阳刚之气。孩子的这些品质往往是从父亲的身上学到的。父亲要参与到孩子的养育过程中，要多抽时间出来与男孩沟通，尤其是多带男孩参与户外运动，把阳刚之气传递给男孩，才能更容易培养出孩子勇敢、坚毅的性格。

母亲要注意，孩子的事情尽量让孩子自己做主、独立处理，不要总是包办；不要对孩子过分溺爱，让孩子学会在失败中成长，不要因为孩子不小心摔倒了，从此就禁止孩子奔跑；对于孩子的冒险行为，妈妈要给予适当鼓励，不要怕孩子失败或受伤，在孩子成长的路上，这些是必不可少的，也是孩子轻易便能跨过去的坎。

另外，单亲家庭在男孩的养育方面更要注意，千万不要歪曲孩子的是非观，而要让男孩感觉到，即使父母分开了，也是为了更好地生活，谁也不会减少对他的爱，这样才能培育出一个快乐健康的好男孩。

有人说，母亲是水，父亲是山，山水相依，缺一不可。因此，

在养育孩子的过程中，父母都要参与其中，因为孩子需要一个能细心照顾他的妈妈，也需要一个能够让他崇拜且可以共同探索人生的爸爸。

要培养男孩的人格魅力和阳刚之气，请给他一个宽松的发展空间，千万不要因为担心他受伤而过度保护他。

帮助孩子缓解心理压力

生活不可能事事都称心如意，也不可能永远快乐。生活、工作与学习，是压力的主要来源，不但成年人承受着各种压力，看似无忧无虑的男孩往往也承受着压力带来的影响。有些男孩多数时间表现得乐观、开朗，但也有个别时候会表现得忧郁、消极，不喜欢与人接触，拒绝与人玩耍。很多父母会很困惑：怎么原本活泼的男孩突然变成这样了呢？

压力往往会引发孩子的心理问题，而心理问题，往往不像发热、咳嗽、打喷嚏等生理疾病一样容易找到原因，也没有良药可以一剂见效，只有父母深入孩子的内心世界，才能帮助他们化解心理问题。

小海今年6岁了，最近不知什么原因，整个人变得越来越消沉，一放学就躲在自己的房间里。虽然年纪小，但他每天看起来都心事重重的，愁眉不展，有时还唉声叹气。而且，小家伙的脾气变得特别的大，稍有不如意就大喊大叫，跟爸爸妈妈顶嘴。在学校里，也开始变得不合群，不愿意和小伙伴们一起玩耍，总是独自一个人行动。

爸爸妈妈很担心他，也想了解小海到底是怎么了。

一天，妈妈在接小海放学的路上，问小海："儿子，你最近怎么啦？"

小海支支吾吾不肯说，在妈妈的循循诱导之下，他才说出："妈妈，我们班里很多同学都私下参加老师的补习班，我不想参加，可是我又担心老师会因为这个而对我不好。"

妈妈恍然大悟，前段时间小海回家说过这事，她当时尊重小海的选择，也没有强求小海参加补习，以为就没事了，没想到给小海带来了这么大的心理压力。

如今的男孩会更早地面临巨大的心理压力，且主要来源于家庭、学习、交际等方面。父母要善于引导孩子，缓解孩子的心理压力，让孩子无忧无虑地成长。具体可以从以下几个方面去做：

❶ 认真倾听孩子的心声，和孩子一起分享经验

如果孩子去学习班之后变得爱哭闹，父母就要分析是否是新环境造成的。适应新环境对任何人都不是一件容易的事情，尤其是孩

子到了陌生的地方，与新老师和新朋友相处时，他们会感受到一定的压力，这是很正常的。

由于爸爸妈妈的工作变动，5岁的西然跟着爸爸妈妈转学到了新幼儿园。刚刚转学那段时间，西然总是苦恼着不肯去学校，他的一口家乡话，同学听不懂。有些同学故意逗他："你知道迪士尼乐园在哪里吗?""你知道博物馆在哪里吗？"西然答不出来，同学们就笑他是"乡巴佬"。

对于西然厌学的行为，爸爸并没有去了解西然的处境，而是生气地大声呵斥他："你怎么这么没出息？爸爸妈妈不也是都来到一个新环境嘛，我们都要努力地适应环境。男儿当自强，你要努力学习，用成绩来打败他们的取笑。"爸爸强行把他送到学校，并嘱咐老师对他严加管教。

从此，西然变得沉默了，整天都郁郁寡欢的样子。

本来面对新环境，西然已经有了心理压力，但爸爸并不理解他，而是采取强硬的方式又给他的心理上强加了一层压力。作为父母，要倾听孩子的想法，可以引导孩子说"爸爸妈妈来到新的地方也会觉得很难适应，看来宝宝也一样呀，我们一起来适应新环境"，通过彼此的加油打气，缓解新环境给男孩带来的压力。

孩子主动向父母求助，父母要认真地倾听孩子的心声，了解孩子心理上有什么压力、压力是从哪里来的。和孩子面对面地交谈，专心地看着孩子，认真地听他说话。只有父母愿意把心交给孩子，孩子才愿意把心交给父母。这样，你才能了解孩子心理压力的真实情况，才能有针对性地帮助他们。

❷ 始终关心孩子的成长，不能因他事分心

随着二胎的放开，很多家庭都会选择生二胎。可有时，二胎也会给孩子的生活带来很大的变化，比如给孩子带来很大的心理压力。可能他会觉得妈妈对自己的关爱不如以前，所以会产生不安，容易发脾气或者哭闹。妈妈照顾新生儿会很辛苦，但还是需要耐心地跟孩子讲小弟弟或小妹妹需要更多的照顾，并引导孩子参与照顾弟弟妹妹。同时每天最好抽出30分钟时间，让爸爸照顾新生儿，妈妈单独陪陪孩子。虽然时间短，但是可以在这段时间通过拥抱、交谈让孩子觉得妈妈依然关心他、重视他。

同时，鼓励孩子培养广泛的兴趣爱好，多参加一些学校组织的课外活动，这对疏解孩子的心理压力是大有裨益的。最好不要强迫孩子去学这个、学那个，应该多听听孩子自己的意愿。

❸ 多夸奖孩子，建立孩子的自信心

每个妈妈都希望自己的孩子学有所成，可是所有的课程对孩子来说都是全新的，父母要根据孩子的接受能力安排恰当的课程。过

于难的课程或学习时间过长，都会给孩子造成心理压力。此时，父母千万不能因孩子的表现不如意而大声地责骂孩子，否则孩子的潜意识就会形成“学习时间就是挨骂时间”的认识，从而条件反射地产生恐惧感，一到学习时间就感到不安等。

另外，孩子取得了进步，父母要多夸奖孩子，帮助孩子建立良好的自信心。不要过多地拿“别人家孩子”做比较，而是应该看到孩子一点一滴的成长。

巧妙引导不听话的孩子

孩子不听话，父母确实会感到头疼，但这也是孩子成长的必经之路。每个人都有自己的主见和意识，孩子和父母有不同的见解，这是很正常的事。很多时候孩子的想法都比较直接，有比较强的自我意识。对于不听话的孩子，父母不能盲目制止和打压，而是应有技巧地进行指导，让孩子学会更好地接受父母的教导。

一个妈妈抱怨说："我家孩子真是让人头疼，太不听话了。昨天，我们准备出去找小朋友玩，天气冷了，让他多穿件衣服，结果他死活不穿。我威胁他说，如果他不加件衣服，我们就不出门了。谁知这孩子脾气倔得在地上打滚。我一生气就没理会他，等他哭够了，结果天也不早了，最终没能出门。"

孩子不听话闹脾气的情况，几乎在每个家庭中都存在。其实，用另外一种说话方式来劝导孩子，这种情况是可以避免的。设想一下两种对比情形：

妈妈拿着衣服对孩子说："我们多穿一件衣服，外面冷。"处于叛逆期的孩子就会出现这种情况："我不要穿衣服。"

妈妈说："宝贝，穿上衣服，我们就可以出发了。"孩子往往会爽快地回答道："好。"

这两种不同的劝导方式告诉父母，在与孩子沟通过程中，应少用复杂的因果推理句式，避免用"如果……就……"，这些句子对孩子来说是很难理解的。尤其不要用"你如果不……我就不……"句式。譬如"你如果不听话，我就不带你出去玩""你如果不把饭吃完，我就不给你吃零食了"之类的话。这不仅无法给孩子提供更多的选择，反而很容易造成亲子沟通的不畅，这种说法就像在威胁孩子，会使孩子更想去挑战妈妈设定的规矩。

1～3岁的孩子正处于叛逆期，这个叛逆期很容易被父母忽略，很多父母觉得这么小的孩子哪懂得叛逆，青春期的孩子才是叛逆期。其实，1～3岁是孩子成长的第一个叛逆期，也是孩子性格塑造的重要时期。叛逆期并不是指孩子在胡闹，而是指他有了自己坚持的想法。

1岁以前孩子没有语言能力，父母可以多说，也可以讲道理。语气温暖平和，孩子反而能够听懂，感觉到父母传达的意思。而面对1～3岁的孩子，父母说话则要注意必须简洁明了。

父母要尽量少说“我们现在出门好不好?”“你把鞋子穿上好不好？”之类的话，因为这样的句子都只会得到孩子挑衅的、否定的回答。此时父母说话的原则是少说“不”，多说“可以”。比如，不要反复啰唆说：“外面穿的鞋子别穿进室内。”“不要把鞋子放到沙发上。”更合适的说法是：“你可以把鞋子放在外面，也可以放到鞋架上。”

另外，要少进行道德说教。成人世界的道德标准对于这个时期的孩子并不适用，此时孩子犯错误也并不能上升到道德层面。“童言无忌”说的正是这个阶段孩子的直爽和可原谅性。如果父母拿成人的标准去要求孩子，必然会引来亲子之间的又一场战争。

生活中最常见的一幕：父母带孩子去商场，孩子就开始要买这买那，父母就会与孩子上演一场意志力的抗战。最后是父母赢了，而孩子冠上了“无理取闹”的恶名。

其实这是可以避免的。父母可以在进商场之前，就和孩子约定：“今天你可以买一件东西，咱们说好了，只买一件。”这就相当于给了孩子一颗“定心丸”，让他确定自己拥有可以选择的机会，而不用担心逛了一圈下来连选择买什么的机会都没有，这样，他就不会在逛街的过程中不断地尝试着试探父母的意愿。

另外，孩子不听话的时候，父母们要选择合适的时间和机会跟孩子沟通。1岁以内的孩子就已经有各种情绪了；1岁多的孩子就已经懂得记仇；2～3岁的孩子开始撒谎，甚至还会有很强的自尊心。所以，要把孩子当作成人一样去看待。

如果父母经常用气愤、高亢的声音和孩子说话，时间久了，孩子对父母的“喊叫”也就习以为常，以后父母如果不提高嗓音、不重复喊叫，孩子便很难接收到指令，而且孩子一旦习惯于高亢、粗暴的声音，就会逐渐对温和、文明的教育方法采取“抗命”的态度。

每一个孩子都有他不同年龄的心理特点，也有属于孩子自己本身的气质。引导不听话的孩子听话，并不是把一个固定的公式硬加在孩子身上，而是要按照不同年龄、不同个性的需求，在他们的身上找到力量，从而创造孩子能够自觉听话的先决条件。

第四章 身体素质是男孩的资本

男孩拥有一个好的身体素质，是他将来去实现人生理想的基础，也是父母的共同愿望。只有拥有了健康的身体素质，孩子才能有健康的人生。0~6岁期间是孩子打好身体基础的重要阶段，因此，在家庭教育中，父母不但要平衡孩子的饮食，而且要培养孩子早睡早起的作息习惯，让孩子多参加体育锻炼等活动，以打造孩子强健的身体素质。

饮食起居，让男孩有个强健的身体

挑食已经成了孩子饮食习惯中的一个普遍现象，对于孩子来说，吃饭是他们摄取营养最重要的渠道，如果孩子经常挑食，这不吃那不吃，就很容易引起营养失衡，影响他们的身体健康。

可是，在我们的生活中，经常有这样的现象：孩子说喜欢吃鱼不喜欢吃肉，于是在他家的餐桌上很长一段时间都只有鱼没有肉；有些孩子喜欢吃酱油拌饭而不喜欢吃菜，父母为了让孩子能吃点儿饭，就迁就他们吃酱油拌饭。从不考虑孩子摄入的营养是否全面，孩子喜欢怎么吃就怎么吃，喜欢吃什么就吃什么，这样的做法非常不科学，不仅会导致孩子的营养不均衡，还会给孩子提供挑食的机会，助长他们养成挑食的坏习惯。

3岁的小杰喜欢吃鱼，非常讨厌吃肉，妈妈给小杰做他喜欢吃

的鱼和蔬菜，但是只要偶尔放一点儿肉，即使把肉切得很碎，他放进嘴里后一发现有肉就会马上吐出来。

随着时间一天天过去，小杰的个子没有明显的变化，比同龄人矮了很多，瘦小很多，且他的脸色总是不好。后来，爸爸妈妈带小杰去医院检查才发现原因：小杰不喜欢吃肉，因此比较容易缺铁、缺钙以及其他微量元素，这些都会影响他的身体发育。

父母一定要注意培养孩子的合理饮食习惯，这样孩子才能均衡地摄取身体生长发育所需要的各种营养，也才能健康成长。如果孩子养成了挑食的坏习惯，父母要及时地进行纠正。具体可以从以下几个方面进行：

❶ 父母可以邀请孩子帮忙做饭

父母在做饭时，可以邀请孩子过来帮忙择菜或递油盐酱醋，让他参与到做菜的过程中，体会做菜的乐趣和辛苦，也乐于品尝自己参与做出来的每一道菜。同时，父母可以在做菜的过程中和孩子沟通，讲解一些蔬菜的营养知识，让孩子明白营养平衡的重要性。

5岁的小雷不喜欢吃青菜，妈妈每次要求他吃青菜，他都会生气。后来，妈妈想出了一个办法：做菜的时候，妈妈就叫上小雷过来帮忙，帮助妈妈择菜、洗菜。有了小雷的帮忙，洗菜的进度反而变慢了，但妈妈不着急，一边教小雷洗，一边说："青菜里面有很多植物纤维，有利于增强肠道的消化功能。如果我们不吃青菜，吃的肉就不能很好地被消化吸收，这不利于身体的健康成长。"

小雷问："是不是不消化，我们就会容易肚子痛？"

妈妈说："是呀，如果我们消化不良，就很容易导致肚子不舒服。"

后来吃饭的时候，妈妈就没有刻意让小雷吃青菜，可是妈妈却发现小雷吃得最多的就是青菜。从此之后，小雷不再说自己不爱吃青菜了。

妈妈通过让小雷参与到择菜、洗菜的过程中，且给他讲述相关的蔬菜知识，让小雷对蔬菜产生了一种好感，也意识到蔬菜的重大作用，于是他开始尝试着吃，慢慢地，他就愿意吃青菜了。

❷ 不能给孩子吃太多的零食

孩子之所以在吃饭的时候喜欢挑食，其中一个重要的原因是饭前吃了太多零食，以至于没有了食欲，因此就只吃一点儿自己喜欢吃的，对于那些不爱吃的饭菜就不愿意吃，因此养成了挑食的坏习惯。

父母一定要限制孩子的零食，如果自己的孩子习惯了吃零食，就要把零食收起来。另外，可以跟孩子达成一个协议，规定孩子吃零食的时间，如果他做得好，就奖励他第二天选择自己的零食，但注意也要控制量。当然，奖励孩子的方式有很多种，主要还是以孩子感兴趣的方式为原则。

总之，父母要学会控制孩子的零食，也要想办法让孩子多吃饭，让他从一日三餐中摄取足够而全面的营养，这样才有利于他的身体健康。

❸ 给孩子营造一个良好的用餐环境

如果一家人一起吃饭的气氛是温馨的、和谐的，孩子的心情也会比较愉悦，吃得也开心。如果不断地给孩子“发号施令”，就很容易让孩子产生逆反心理，效果适得其反。

吃饭氛围的好坏非常重要，父母一定要给孩子营造愉悦的就餐环境，这样他才能在快乐的气氛中摄取更全面的营养。然而，有些父母喜欢在饭桌上唠叨和训斥孩子，这样会使得孩子对吃饭产生沉重的心理负担，从而影响他的食欲，严重的话甚至会导致孩子产生厌食症。因此，即使孩子犯了错，父母也要等孩子吃完饭，再对他进行教育。

总之，0～6岁是孩子长身体的最初阶段，也是孩子养成习惯的关键时期，父母要注重孩子的饮食起居，预防他养成挑食的坏习惯。父母做饭时可以变点花样，以引起孩子的食欲，但不能孩子想吃什么就给他做什么，更不能追着孩子喂饭。良好的饮食习惯，是孩子健康成长的保障。

让孩子养成早睡早起的作息习惯

有研究证实，睡得晚或睡觉时间不规律会影响儿童智力和身体的发育，降低孩子的反应、阅读和算术等能力。可见，睡眠对男孩的成长非常重要。“早睡早起”对0～6岁期间正在迅速成长的男孩的生长发育及智力发展有着重大的影响。

儿童保健科专家指出，22时到次日1时是生长激素分泌的高峰期，若错过了这段时间，细胞新陈代谢将受到影响。在这个时间段，孩子需要沉睡来自我修复和自我成长。因此，为了让孩子健康成长，父母应尽量要求孩子在22点之前入睡，养成良好的早睡早起的作息习惯，对他以后的学业至关重要。

当下，太多父母为了不让孩子输在起跑线上，每天给孩子安排大量的“业余”兴趣作业；也有一些父母忙于看电视剧或打麻将，把孩子的睡眠时间给“消遣”了，让孩子熬成了“夜猫子”。这些

不科学的生活习惯实际上是让孩子直接“输”在了起跑线上。

晚上10点甚至更晚才睡觉，已经成为很多小孩子的生活常态。而5岁的小周每天晚上8点半就准时上床睡觉，其实，小周规律的睡眠习惯离不开父母从小对他的培养。在妈妈的培养手记里，有着这么一段记录：

20：00睡前故事时间，给儿子念他最喜欢的《安徒生童话》，同时帮他完成洗脸、洗脚。

20：20喝水、刷牙、上厕所。

20：30全家熄灯，陪伴孩子睡觉，跟他互道晚安，看他安静入睡。

有些父母疑惑：自家的孩子睡前也喝牛奶、听音乐、听故事啊，可是怎么就不能那么早入睡呢？那是因为很多父母忽略了一个关键的问题——父母的陪伴。如果父母天天晚睡晚起，孩子如何能做到早睡早起呢？要想让孩子养成早睡早起的作息习惯，父母可以从以下几个方面去做：

❶ 改变孩子的作息习惯，必须从父母做起

如果父母生活不讲究规律，睡觉起床随心所欲，或者一到周末就玩至深夜而周日早上全家人赖床，孩子自然就会学着大人的样子。因此，请父母以身作则，给孩子树立一个早睡早起的好形象。

为了培养小周规律的作息习惯，妈妈从孕期起就开始重视自己的作息习惯。当小周出生之后，妈妈依旧重视培养他的作息时间，每晚7点半准时安抚小周睡觉，后来随着他的成长，入睡时间也相应地延后了，但基本都是稳定在8点半左右。

从小周上幼儿园开始，妈妈就给他分房分床，以保证他相对独立的睡眠时间，不会与父母的作息“捆绑”在一起，更容易培养他形成独立的作息时间。

为了把好习惯保持下去，即使到了寒暑假期间，爸爸妈妈带他回老家的时候，爸爸妈妈也会跟老人沟通好，让他的作息时间和以前一样，争取全家支持配合他的早睡早起习惯。

案例中小周能够养成早睡早起的习惯，主要在于父母的以身作则。可见，让孩子养成良好的作息时间规律并不难，父母只要从自身做起就好。

❷ 理性对待孩子的午睡问题

孩子养成了早睡早起的好习惯，一晚10个小时的睡眠时间已经足以保证孩子的高睡眠质量，让孩子一整天保持精力充沛，此时，午睡对于他来说是一种煎熬。

可是，在很多父母的生活中，午睡已经成了一种习惯，也会强迫孩子午睡；或者有些父母一有时间就选择睡个午觉，而且一睡到傍晚，有了孩子之后，也会把这个习惯延续给孩子，孩子的午睡时间过长，就会直接导致晚上难以入眠，从而打乱了孩子早睡早起的作息习惯。

4岁的小钟基本不睡午觉，在幼儿园时他睡不着，周末在家更是不肯睡觉。妈妈急得抓耳挠腮，每天中午总是想尽办法连哄带骗地把他抱到床上，可是小钟确实不困，或者困了也要玩玩具不愿意睡觉。

一天周末中午，妈妈又在强迫小钟睡午觉，他委屈地说："妈妈，我并不困，我晚上睡了好长时间，我不想睡午觉了。"

妈妈说："怎么会不困呢，中午大家都要睡觉的呀。"

小钟说："我就是不困呀，躺在床上我也睡不着，我难受。"

听儿子这么一说，妈妈才意识到儿子晚上的睡眠时间和质量已经足够了，午睡对他来说成了一种负担，便不再要求他睡午觉，于是对他说："好，你不睡觉可以，但是你只能安静地玩，不能搞破坏，也不能影响爸爸妈妈的午休，好不好？"

小钟愉快地答应说："好的，妈妈，您睡吧，我就在这里安静地玩。"

此后，小钟虽然不太情愿自己一个人在一边独自玩耍，但总比强迫去睡午觉好多了，他可以愉快地度过午休时间。爸爸妈妈接受他不睡午觉的现实后也有了一个良好的午休时间。

❸ 原则在先，弹性安排

很多父母下班很晚，到家就已经七八点了，吃过晚饭，再跟孩子玩一会儿，时间就不早了。因此，父母要根据各家的特殊情况，来制订“尽量早睡计划”。让孩子既能保证良好的睡眠时间，又能让全家人尽可能感到舒适和方便。

总之，给孩子制订一个睡眠时间表，让孩子在日复一日中形成习惯，营造安静舒适的氛围，让孩子养成早睡早起的好习惯，对孩子未来的成长有着非常重要的作用。

鼓励孩子进行体育锻炼

0~6岁期间是培养孩子体商的敏感期，也是孩子运动能力发育的最快时期。尤其是2岁之后，孩子学会了走、蹲、跑、跳，且对世界充满着探索的兴趣，驱使他不停地提升自己的运动能力，摆脱肢体不协调的束缚。因此，父母应抓住孩子成长的阶段特点，多培养孩子的体商，促进孩子四肢的协调性和灵活性。

在现实生活中，有些父母过于保护孩子，夏天不让孩子去游泳，担心他溺水，冬天不让孩子去学滑雪，担心他会摔倒。然而，过分的保护反而害了孩子，让孩子身体素质得不到提升，体育运动能力缺乏，同时导致男孩缺少了应有的阳刚之气。

作为父母，不应该因孩子的一次摔倒就剥夺了孩子站起来的资格，而应该了解孩子各生长阶段的特点，为孩子每个阶段的运动锻炼提供适当的引导和促进。有专家指出："只要孩子的体能跟得上，且情绪愉悦，父母就应鼓励孩子多运动，多出汗。”

目前，早教兴起之后，孩子刚出生不久，很多父母会带孩子进行游泳、抚触、被动操等锻炼，目的是促进孩子的感知觉能力，帮助孩子形成健康的心理和性格。可是，随着孩子的成长，父母便忽略了体商，直接转战智商的培养，不断地给孩子报各种各样的兴趣班、辅导班，而不再带孩子去参加体育锻炼。造成的结果是孩子的体质不断下降，学习效率也得不到提高。

美国的一项研究表明，25%经常参加锻炼的人，在智力和反应方面明显高于未参加（或极少参加）锻炼的同龄人。但并不是所有的父母都明白体育的意义，他们只关心孩子的成长，却忽略了体育锻炼对孩子的重要作用。

身体健康是一个人成长成才的基础，体育锻炼是通向健康的重要途径。对于0～6岁正在生长发育中的孩子来说，运动就像阳光、空气和水一样，是他赖以生存、生长的必需品及健康成长的动力。因此，父母要多鼓励男孩积极参加体育锻炼，具体可以通过以下几个方面来进行：

❶ 根据男孩的年龄阶段、生理特点和兴趣爱好选择项目

不同年龄阶段的男孩对体育锻炼的强度接受能力不一样，父母不能盲目地把体育项目安排给孩子，要注意引导男孩，且注重培养男孩对体育锻炼的兴趣。

爸爸带着6岁的新旭去附近小学的操场上跑步。刚开始，新旭还挺有兴趣地跟在爸爸的后面跑。为了能跑完一圈，他咬牙坚持着，小脸涨得通红才勉强跑完，且累得气喘吁吁。

然而，没过几天，他就对跑步不再那么充满热情了。此时，爸爸为了培养新旭持续运动的兴趣，便拿出了秒表，在和新旭一起跑步时，爸爸给他开始计时，并不断地鼓励他打破纪录。如此，新旭有了挑战目标，也能愉快地去做这项体育锻炼了。

在爸爸的鼓励下，新旭不但锻炼了身体，磨炼了意志，培养了吃苦耐劳的精神，还学会了一个道理——不能半途而废，同时，在锻炼的过程中，他还提升了时间管理能力，这可真是一举三得呀！

❷ 激励男孩参与体育锻炼

大多数男孩都会经历好胜的阶段，他们往往希望比其他孩子表现得更好，对自己的成就也会感到自豪。

3岁半的小贵每次和小朋友玩拍皮球比赛时，一旦落后于其他的小朋友，就会变得非常气恼。妈妈为了鼓励他，便引导他说："拍皮球也是有方法的。"然后，妈妈一边说，一边示范给小贵看，"首先，双脚要分开与肩同宽，腰弯下一点点，右手五指微微分开成一个小弧度。拍球的时候，眼睛和身体要始终跟着球移动。

只要多练习，慢慢找到感觉和节奏，就能拍好了。”说完，妈妈把球给了小贵，让他自己试着练习。小贵经过不断地练习，果然越拍越好，他可开心了。慢慢地，他也喜欢上了这项活动。

在参加体育锻炼的过程中，如果男孩能力不足，难以把控某一项体育活动，就会产生强烈的挫败感，从而降低对体育锻炼的热情。此时，父母的加入和耐心的指导，能帮助男孩更容易地掌握方法，让他体会到成功的喜悦，从而激发男孩参与的热情。

❸ 给男孩的体育锻炼以必要的物质支持

对于男孩来说，父母的支持是非常重要的。父母可以给男孩准备体育锻炼用品，如运动衣裤、运动鞋袜、跳绳、篮球等，让男孩看到父母对他进行体育锻炼所给予的坚定支持，他才更有动力去坚持体育锻炼。

❹ 热情鼓励，积极培养男孩的锻炼习惯

对于男孩在锻炼中，由于自己的努力而取得的点滴成果，如坚持执行锻炼计划、打破过去的纪录、获得好成绩等，父母要及时地给予肯定和鼓励，激发他们的锻炼热情，以养成良好的锻炼习惯。

多带孩子到大自然中走一走

大自然是一本生动的百科全书，有着丰富多彩的内容。孩子的成长需要大自然的陪伴，大自然可以增进男孩的见识，激发男孩的天性，给孩子带来活力，让孩子体会自由的感觉。

大自然是人们身心得到放松的“理想城”，父母一定要多陪伴男孩走进大自然。同时，在带孩子出去玩时，父母不能对孩子太严肃或约束太多。因为男孩都特别好动，他们不喜欢被束缚。让孩子多接触大自然，不仅可以塑造男孩坚强的性格，更重要的是在大自然中他们可以收获更多课堂中学不到的知识。并且，与大自然亲近还能提高孩子独立解决问题的能力，以及增强在逆境中奋发向上的主动性，培养孩子的求知欲和探索精神。通常父母可以和孩子一起进行以下几个户外项目：

❶ 和男孩一起去爬山，锻炼男孩的耐力

爬山不仅可以让孩子接近大自然，还可以让孩子的身体得到锻炼，锻炼孩子的耐力。

晴朗的周末，吃过早饭，爸爸提议去爬山，妈妈和4岁的涛涛一致响应，于是一家人驱车到达离家不远的山脚下。抬头仰望，远远看见矗立在山顶上的高塔，妈妈说："今天我们就要登上这座山的最高峰，我们一定要加油啊。"

沿着通往山顶的小路行走，刚开始，涛涛高兴地又蹦又跳，显得格外开心。继续往前走，眼看山路越来越陡，爸爸紧紧拉着涛涛的手走在前面，妈妈紧跟在后面，累得气喘吁吁。涛涛的脸热得红扑扑的，蹲在地上嚷着要放弃，不想再继续爬了。爸爸妈妈便停下来休息，一边相互打气，一边鼓励涛涛要坚持下去。很快，涛涛就又重新站起来，继续往上爬。

经过几次休息，他们终于到了山顶，眺望着远处的公路和河流，涛涛高兴得手舞足蹈，大声欢呼："我们终于成功了！"置身于山顶，尽情地享受大自然的美好，爸爸也抓住机会对涛涛说："涛涛，生活也是这样，只有我们坚持，才能成功，也才能体会到成功后的喜悦。"

涛涛远眺山上的美景，呼吸着新鲜的空气，坚定地说："爸

爸，我会的，坚持就是胜利。”

带着孩子爬山，不仅可以促进亲子关系，还可以锻炼身体，增长见识，最重要的是锻炼孩子的意志力，就像涛涛说的“坚持就是胜利”。

❷ 带男孩去看看大海，开阔孩子的心胸

生活中，有些孩子总是有那么点儿小心眼，总是计较太多，有时和小朋友之间的一点不开心的事，都能记住很久。孩子心胸狭窄，怎么办呢？不妨带他去看看大海，开阔孩子的心胸。

一个周末，爸爸带着昊昊来到了大海边，一起在沙滩上追赶玩闹，一起在水里欢笑嬉戏……玩累了，两个人躺在沙滩上，倾听海浪的声音。一会儿，爸爸坐起来说：“儿子，你喜欢来海边吗？”

昊昊毫不犹豫地回答说：“当然喜欢了，我好喜欢看大海啊，大海无边无际的，好宽阔啊。”

爸爸紧接着说：“我们要是能拥有像大海一样宽广的胸怀就好了，我们就能像浪花一样欢快地生活啦。”

昊昊听了爸爸的话，若有所思地说：“是啊。爸爸，我也要像大海一样，拥有宽广的胸怀。”

爸爸摸了摸昊昊的头说：“真的吗？那你肯定会成为一个快乐

的天使。”昊昊开心地对着大海喊：“我要做快乐的天使！”

当一个男孩拥有了广阔的胸怀时，他的心中就能装下更多的事情，不会为一些鸡毛蒜皮的小事而斤斤计较，也会去体贴他人，那时，孩子的生活就会充满快乐和满足。

❸ 多带孩子去郊外踏青，给孩子“换气”

带着孩子出去踏青，让暖洋洋的风吹走孩子心头的忧愁和烦恼，让天空中五彩的风筝唤起孩子起飞的梦，让大自然陶冶孩子的情操，让孩子成长的世界里拥有一段甜蜜的梦。

春暖花开的季节，大自然万象更新，树木披上了新的绿装，地上长出了嫩嫩的小草，各种花儿竞相开放，争奇斗艳，各种景象美不胜收。此时，父母不妨带着孩子走进生机勃勃的大自然中，去感受一年之中最充满希望的时光，以使孩子身心愉悦，并培养孩子的观察力。

当孩子投入大自然的怀抱中，尽情地释放自己时，他的心情也是最放松的。此时，对孩子进行教导是非常有利的。人最容易记住最放松、最愉快的时光，而此时的教育也会起到意想不到的效果。因此，父母一定要多带孩子去大自然中走一走，可以在游玩的过程中，用鲜活的事例教育、引导孩子。

第五章

孩子的情商决定他的一生

心理学家在跟踪调查后发现，凡是关键期受过正规情商培养的孩子，在学习成绩、人际关系及未来的工作表现和婚姻情况等方面，均优于未受过专门培养的孩子。因此，父母作为教育的指引者和扶持者，在情商教育方面一定要用心。

教孩子学会为人处世

学会处世是人生的必修课，会处世的人八面玲珑，路路畅通，不会处世的人四处碰壁，郁郁不得志。0～6岁期间，父母一定要教育孩子学会如何做人和学习各种处世本领。如此，孩子长大以后才能实现美好愿望，享受幸福人生。

在人际交往中，人格魅力的影响力巨大，拥有无穷人格魅力的人，人缘也错不了。“好人缘”是做人的一种资本，人缘好的人做事就多了一份人情的优势。

一般来说，除个别品质恶劣、声名狼藉者外，大多数的人人缘差是因为自己情商太低，而这些人中，也不乏有一些颇有才华的。好人缘不是与生俱来的，父母需要以一种朋友式的、充满人情味的、寓理于情的言传身教去教育和感化孩子，使他们及早学会如何通情达理地做人和处世。具体可以从以下几个方面去做：

❶ 孩子的事情，放手让孩子去解决

在日常生活中，不管孩子有多小，父母都应该在孩子头脑中强化一个概念：别人的东西不属于我，需要经过他人的同意我才能碰。如果别人不愿意，自己只能坦然接受。

5岁的小小很喜欢亮亮的小飞机，几次缠着妈妈买，妈妈都没有答应。小小想到了一个好主意，他知道亮亮喜欢自己的遥控汽车，就跟亮亮商量，用小汽车换飞机，亮亮同意了。虽然妈妈知道遥控汽车比小飞机贵得多，但是并没有阻止。可是才过了两天，小小就后悔了，因为他觉得小汽车更好玩。他又想着和亮亮换回来，可是这次亮亮不同意了。看着闷闷不乐的小小，妈妈没有安慰他，也没有责怪他，而是对他说："换玩具是你自愿的，你要为你的行为负责呀！"

孩子遇到了问题，父母不要急着帮孩子解决，应该把问题抛给孩子，让孩子自己想办法去解决，可以鼓励孩子说："相信你会想出好办法的！"

如果孩子一时想不到好办法，可以说："我们一起想想，你觉得这样做好不好？"鼓励孩子自己去解决，相信孩子最终会找到解决问题的办法。如果孩子凡事都要父母解决，一旦父母有事暂时离开孩子，孩子就很难学会自理。孩子的事终究需要孩子去解决，即使孩子做错了事，父母也不要因为疼爱孩子而替孩子收拾残局。要让孩子认识到自己的过失，让孩子树立起自己言行的责任感。

❷ 教孩子掌握必要的交往规则

很多父母会抱怨自家的男孩很难管，在家里不守规矩，整天动动这个，碰碰那个，在与小朋友一起玩游戏时也不懂得互帮互让，只想着自己玩得开心，很难与其他小朋友玩到一起。

毛毛是一个非常活泼的男孩，爸爸妈妈对他疼爱有加。在家里，毛毛总喜欢在沙发上和床上蹦来蹦去；跟小朋友在一起玩时，也总是不安分，不是把这个打了，就是把那个弄哭了。毛毛的妈妈觉得男孩天性就是爱玩、爱打闹，没什么大不了的，应该给他自由成长的空间，不能约束太多。

自从毛毛进入幼儿园后，妈妈这才发现自己犯了多大的错误。在幼儿园里，毛毛还是跟在家一样，经常在教室里大喊大叫；玩一些集体游戏时，他从不排队，总是跟其他的小朋友争抢。慢慢地，其他小朋友开始疏远他。最后，毛毛在幼儿园没有一个朋友，他也不想去上学了。

俗话说：“没有规矩，不成方圆。”规则和秩序是社会公共生活中的基本准则，每个人都必须遵守。可是很多男孩因年纪小，只从“自我”出发，不懂得遵守一些必要的交往规则，从不考虑他人的意愿，那么他就很难成为一个合格的社会人。

毛毛之所以无法和幼儿园的小朋友友好相处，主要是因为父母从不教他交往规则。如毛毛参加集体游戏，不懂得排队，不懂得轮流规则，只顾自己开心。最后的结果是，没有小朋友愿意再和他一起玩了。

在日常生活中，父母不妨给男孩制订一些明确的规则，要求他遵从。如在餐桌上，不要把好吃的东西都放到男孩的面前，要适当地分给其他人，并告诉他：“好东西大家都喜欢，要学会分享，大家要轮流地享用，不能一个人独占。”男孩就会将在生活中学会的社交规则内化成一种认知，也会运用到与同伴的交往中。

当然，父母在制订规则时，要简单易懂，且不要一下子就制订太多规则。男孩的年龄小，他的理解能力有限，自我控制能力也不够强，如果父母订的规矩过于复杂，他不但不能遵守，反而会让他面对这些规则时感到不知所措。另外，规则要随着男孩的成长不断地修订，让男孩在自我约束下，不断地强化他的行为，将如何与他人和谐相处的行为习惯深入心中。

培养孩子的社交能力

从2岁开始，孩子开始进入自我意识的敏感期。此时他们会通过打人来表达自己的不满。从3岁开始，他们会通过占有食物或玩具来获得支配物品的快乐。当这个阶段的孩子可以支配自己的物品时，他们会和其他小朋友交换物品，这事实上是孩子人际关系真正的开始。

很多父母认为，孩子只要在集体环境中，就会自然发展他的社交能力，但事实上，真正的社交关系并不是站在人群中，而是和某个人或某些人产生联结的过程中产生的。到了四五岁的时候，孩子就会发现真正的朋友是建立在志趣相投、彼此关爱、相互理解的基础上的。当孩子达到这种状态，他和朋友的关系就真正的和谐了。

5岁以后的孩子结束了一对一的交往，开始进入三四个人一组的交往中，并在选择朋友上有了明显的精神倾向，基本结束了以交

换为目的的交友方式，他们开始表达爱意，消除孤独，也开始出现从心理上对别人的控制和反控制，出现了情感上的依赖和沟通，这为孩子奠定了人际社交的基础。

其实在孩子社交能力的发展中，孩子会表现出一些社交信号，比方说打人，抓人，抢别人正在玩的玩具，拿别人的食物，与某个大朋友形影不离，分享食物、玩具给别人，等等。

那么作为父母，该如何引导孩子，帮助孩子培养良好的社交能力和良好的人际关系呢？

❶ 不去评判孩子的朋友

无论是在公共场合还是在家里，对于孩子新交的朋友和经常一起玩耍的小朋友，父母千万不能根据孩子的长相、穿着打扮等因素去加以评判，更不能因为自己和某个小朋友的父母的关系而影响孩子的交友。孩子和什么样的人交朋友，不和什么样的人交朋友，他们有自己的评判标准，请父母不要按照自己的价值观去对孩子的朋友进行评判，给孩子选择朋友的权利，这样，孩子长大以后才会善于倾听别人的话。

❷ 孩子之间的矛盾，让孩子自己去解决

孩子与其他孩子一起玩耍时，难免会产生矛盾或冲突。有些父母担心自己的孩子吃亏，一旦看到孩子和其他孩子产生矛盾，就上前去帮助自己的孩子，看起来像是自家的孩子获胜了，却让他失去

了自我决断能力和合作能力的锻炼机会。面对孩子间的矛盾，父母应该尽量避免干涉，让孩子自己制订规则解决他们之间的问题，直到孩子请求帮助。即使孩子来求救，也要去引导孩子，给孩子创造在社交关系处理上的空间和自主性，让孩子去独立思考和解决问题。

❸ 多支持男孩参加社会实践活动

有些父母借着“让孩子专心学习”的理由，整天把男孩禁锢在屋子里学习。其实，父母更应该让男孩多参加户外活动，让他们走进社会、了解社会，在社会实践中，体验到真实的生活，提升他的社交能力。

社会本身是一个大课堂，其有着丰富的教育资源。男孩在参加社会实践时，可以检测课堂中所学知识哪个更加实用。最重要的是，通过社会实践，男孩可以从中学到新知识，提高他的社会适应能力和交际能力。

有一次，正正的学校组织家长和孩子一同到校外活动。在活动过程中，有一个项目是钓鱼。正正很喜欢钓鱼，他经常在爸爸妈妈的带领下，去郊区的河边钓鱼。由于出门太匆忙，正正忘记了准备鱼食。妈妈想让儿子吸取一些教训，就没有提醒他。

到了目的地后，正正才发现没有带鱼食。这时，正正发现在河边还有几个人在钓鱼，就对爸爸说：“爸爸，您能不能帮我向那些

人借一些鱼食啊？”爸爸说：“自己的事情要自己做，何况这次是你自己粗心大意忘记带鱼食的，你要自己想办法！”

在爸爸妈妈的鼓励下，正正走到一位面目和善的老伯伯那里，向他说明了事情的原因，希望老伯伯能借他一些鱼食。老伯伯答应了正正，正正满怀欣喜地跑回来，开始钓起鱼来。

一个人不论想要获得什么能力，都要进行实践。因此，父母应该为男孩的实践活动提供必要的条件，让他认真对待每一项活动，并在活动过程中提高自己的能力。在上面这个故事中，父母提示了男孩以后出门时要做好检查，还要加强与他人之间的沟通，遇事自己多想一想该怎么办，而不是有事就找父母。这种做法很好地锻炼了男孩的独立自主能力。

在社会实践活动中，男孩可以直接和社会打交道，和社会中的人交流。男孩在了解社会人情的过程中，可以观察到社会生活中各种各样的问题，也能学会该如何与人沟通。通过这些锻炼，男孩的社交能力就自然而然地提高了。

提升孩子的语言表达能力

俗话说："良言一句三冬暖，恶语伤人六月寒。"人与人的交往大都是通过语言来沟通的，会说话，说好话的人总能得到他人更多的喜爱和尊重。

在生活中，总能听到一些人抱怨说："我口才不好，还是不要做这类需要语言表达的事情了。"一句话否定了自己，也拒绝了锻炼自己语言表达能力的机会。语言是练出来的，并不是先天的。1岁的孩子开始学语，到能说个别词语，再到能说完整的一段话，是孩子语言表达能力发展的表现，也是孩子语言表达能力培养的最好阶段。在日常生活中，父母要对孩子的语言表达能力进行积极的引导，抓住0～4岁这个语言塑造阶段，为孩子的语言表达打好基础。

4岁的鲁鲁从幼儿园放学回来，妈妈问他："宝贝，今天在幼儿

园玩了什么游戏呀？”

鲁鲁回答说：“玩滑梯。”

妈妈接着问：“怎么玩呀？”

鲁鲁描述说：“老师要求我们排队，然后一个接着一个上滑梯。可是有个小朋友不肯排队，自己抢着玩，被老师批评了。”

有些父母很疑惑，为什么同龄孩子已经表现出了很强的语言表达能力，而自家的孩子说话都说不利索？究其原因，无非是爸爸妈妈对孩子语言表达能力的训练强度不够。

语言表达能力不是一蹴而就的，需要父母的耐心培养。有些父母觉得只要孩子不哭，情愿多刷几次朋友圈，也不主动跟孩子说说话。甚至有些孩子兴致勃勃地跟父母说话时，父母忙于刷手机而只敷衍性地用“嗯嗯”打发孩子，孩子没有机会表达自己的想法，也失去了锻炼语言表达能力的机会。

0～4岁阶段是孩子语言发展的关键时期，请不要再忽视对孩子语言表达能力的培养，而应该从以下4个方面做起：

❶ 重视提高孩子的语言表达能力

0～4岁是孩子学习语言的关键时期，一旦错过，就很难补救，严重影响孩子的语言表达，对孩子的成长造成无法挽回的后果。

良好的语言表达能力是孩子智力发展水平的一个重要指标，孩子能流畅、敏捷地表达出他的想法，不仅可以让他人更好地理解和接受其想法，最主要的是有助于促进孩子的大脑发育和思维能力的发展。因此，父母必须重视对孩子语言能力的培养。

❷ 为培养孩子的语言表达能力创造必要的物质条件

根据孩子的年龄特点、兴趣爱好，父母可以选购一些图画精美的故事书或动画片影碟，通过给孩子阅读故事书或播放动画片，让孩子从中学习到很多词语和日常生活中的基本表达，有利于孩子语言表达能力的提高。

❸ 及时纠正孩子表达中的错误

父母是孩子语言表达的启蒙老师，如遇到孩子语言表达不通畅或有语病时，要及时纠正，如孩子说“吃水”“喝饭”等，父母不能因孩子不协调的语言搭配而大笑，而应该及时指出并纠正孩子的表达。慢慢地，孩子才能更好地把控每一个词语的正确用法。

❹ 经常向孩子提出问题和解答孩子提出的问题

孩子来到这个陌生的世界，对周围的一切都感到好奇，会不停地向父母提出各种无厘头的问题，这是非常正常的，父母要积极、热情地回答孩子的问题。不仅如此，父母还要启发孩子多提问。提问和解答是孩子会思考的一种体现，父母可以通过启发孩子提出问题和解答问题来锻炼孩子的思维，提高孩子的语言表达能力。

其实，在和孩子的交流中，有很多脑洞大开的问答可以在亲子关系中上演，这样可以锻炼孩子习惯性向大人提出各种各样的问题和回答大人所提的各种各样的问题的能力，可以开拓他的思维，对于培养孩子的思维能力和语言表达能力都会有很大的好处。

教孩子学会与人分享

当下，不少父母养育孩子时采取“包办”模式，一切为了孩子好，尽最大可能地满足男孩的一切要求。然而，这种无私奉献的养育方式却养出了自私自利的男孩。由于从不被要求分享，男孩就不懂得如何与他人分享，从而让男孩难以适应社会的发展要求。

因此，为了让男孩能更好地适应社会的发展要求，父母一定要有意识地培养男孩的分享行为。一个乐于分享的男孩，能够交到更多的朋友，更容易得到别人的帮助，而且他自己也更加懂得感恩，懂得珍惜，更容易拥有快乐的心态。

坦坦的分享与合作能力一直比较弱，妈妈一直想找个机会引导坦坦学会分享。

这天，邻居家的小女孩来坦坦家做客，看到坦坦新买的小汽车，

也想坐上去玩一下。但被坦坦霸占了，且不愿意让小女孩碰。小女孩怯怯地说："坦坦，我能和你一起开车吗？"坦坦想都不想就拒绝了。

这时，妈妈走过来，说："坦坦，你开车的技术厉害吗？"

坦坦很神气地说："当然厉害啦。"

"那么，你能当教练吗？"妈妈说。

"那肯定可以的。"

"妹妹不会开汽车，你教妹妹开汽车，好不好？"妈妈假装求助坦坦。

"没问题！"坦坦说着就走出了小汽车，认真地指导小妹妹如何开车，俨然就是一副教练的模样。不一会儿，两个人就开开心心地玩到了一起。

坦坦妈妈的做法显然是非常聪明的，一步步引导坦坦学会了分享与合作。在日常生活中，当男孩与其他小伙伴一起游戏、学习时，他能学到的不仅是分享，还有交往和生活的技巧。因此，请父母多想办法为男孩创造、提供与同伴分享和合作的机会，让他在各种小事中慢慢地形成合作意识。

❶ 请父母接受一个事实：自私是孩子的成长必经路

瑞士著名的心理学家皮亚杰曾提出，2~6岁的儿童处于认知发展的前运算阶段，自我中心是这一阶段儿童发展的特点之一。在这个阶段，父母要接受男孩以自我为中心观察世界的视角，且从这个特点出发去引导孩子，从“自我”到“他我”去选择和设计活动，让他在逐渐接触到其他同龄人中慢慢地消除自我中心的意识，在与人分享中学会去分享。

此时，请父母不要过度地保护男孩，如他与其他小朋友发生争执时，请从双方的角度考虑问题，客观地对待问题根源，并寻找解决的方法，而不是一味地保护自家的孩子。

❷ 请在生活小事中教会孩子学会分享

男孩从“自我世界”中走出来之后，父母要适时地对孩子加以训练，培养孩子乐于分享的习惯。

一方面，在日常生活中，父母向男孩灌输分享的理念，在家庭中鼓励男孩与家庭成员分享食物、玩具等等。有条件的，可以鼓励男孩将自己的玩具、零食带到幼儿园与小朋友分享。

另一方面，父母可以给男孩阅读一些关于分享的小故事，如孔融让梨等。在阅读的过程中，引导孩子从故事中领悟不同人物的需求和心情，让他明白分享是一件非常值得的事情。并告诉孩子：“如果你有好的东西，你愿意与你的朋友分享。当你的朋友有了你喜欢的东西，可能他也乐意与你分享。”

❸ 不管如何，请不要强迫孩子进行分享

分享是一件幸福的事情。如果你让你的孩子在分享过程中感觉

到了绝望或沮丧，请终止这种强迫的行为。某些情况下，孩子不愿意分享，也许这个东西对于他来说有着特殊的意义，此时父母一定要尊重孩子的意见，不要强迫孩子将自己心爱的物品与他人分享。

表妹来小璞家做客，到小璞房间玩时，发现了桌子上的叮当猫存钱罐，很喜欢，便拿下来玩，过了一会儿，表妹怯怯地对小璞说："哥哥，你这个存钱罐可以送给我吗？"

小璞听了，立马从表妹的手中把存钱罐抢了过来，抱在怀里说："不可以。"

这时，表妹就不依了，大哭了起来。妈妈和阿姨闻声赶了过来，了解到事情的经过之后，妈妈不以为意地说："小璞，妹妹喜欢就送给她吧，下次我们去买个更漂亮的。"

小璞坚决地说："不行，这个存钱罐谁都不能送。"

妈妈转而教育小璞说："小璞，我平时是怎么教育你要乐于分享的？就一个存钱罐，送给妹妹怎么啦？"

小璞被妈妈训得低下了头，但他还是紧紧地抱着存钱罐，默默地站在原地，很坚决的样子。妈妈看了，突然意识到这个存钱罐对儿子的意义，就不再勉强，转而去安慰表妹。

阿姨和表妹走了之后，妈妈对小璞说："儿子，妈妈知道你是乐于分享的孩子，是不是这个存钱罐对你来说有什么特殊意义，所以你才不愿意送给表妹呀？”

“妈妈，这是我同桌送给我的生日礼物，我肯定不会把它送给其他任何人的。”

妈妈听了，摸了摸小璞的头说：“对不起，儿子，是妈妈误会你了。”

每个人都有着自己珍爱的东西，且不愿与他人分享，这是很正常的。父母不能为了显示大方而无节制地要求孩子分享，这会引起孩子的逆反心理，可能会导致孩子变得不乐意分享。此外，父母要了解哪些物品对自己的孩子有着特殊的意义，当其他小朋友来家里做客时，提前收起来，以免发生宾主不愉快的尴尬情况。

作为父母，总希望把最好的东西给孩子，可在为孩子付出的同时，却往往忽略了教育孩子学会容忍、付出和分享。在生活中，请父母在付出的同时，给孩子恰当的引导，改变孩子娇生惯养的养育方式，慢慢地消除孩子的自私行为。

培养孩子的幽默感

幽默感是“情商”重要的组成部分，懂得幽默的人，在人际交往中更能获得他人的喜欢和认可。具有幽默感的孩子大多性格开朗、活泼、乐观，不容易得罪身边的人，人际关系也会很好。

一般来说，不同年龄阶段的孩子幽默感的发展也是不一样的：

1周岁左右的孩子开始对面部表情非常敏感，他们能迅速地捕捉身边的人的面部表情。如孩子在学走路时不小心磕碰到，如果父母冲他做一个鬼脸，他立马就会被鬼脸逗得破涕为笑；如果父母紧张地抱起他，父母紧张的情绪也会传递给他。

2周岁的孩子对周围环境的认知力有所提高，能发现身边或物品中不和谐的幽默。

3周岁的孩子智力已经得到了进一步的发展，可以认识到不和谐中潜藏的幽默感。当妈妈故意把柚子皮当帽子盖在头上时，他见了可能会一边摇头一边大笑不止，也可能会一边模仿妈妈的行为一边大笑。

待孩子长到5～6岁时，他开始对语言中的幽默产生敏感。如绕口令的学习能让他感到趣味盎然。这个年龄阶段，父母可以鼓励孩子学习猜谜，也可以鼓励孩子自己编一些简单的文字谜语或故事。

恩斯格说过："幽默是具有智慧、教养和品德的表现，幽默能化解沉闷和尴尬，释放轻松愉快。"一般来说，具有幽默感的孩子都思维敏捷、聪明好学。

6岁的黄凯是一个幽默感十足的孩子，身边的同学都说他很"逗"，特别喜欢和他一起玩耍。他把语言中的幽默感发挥得恰到好处，化解了不少尴尬。

一次，爸爸妈妈带着黄凯去妈妈的一个同事家做客，刚好同事的儿子和黄凯是同班同学，两个人玩得特别开心。吃饭的时候，同事的儿子突然嚷了起来："爸爸，我要拉屎！"同事夫妇都是非常爱面子的人，一时间觉得自己的孩子说话太粗鲁，缺少教养，立马就把脸拉得老长，狠狠地训斥孩子，其乐融融的气氛一下子变得沉闷了。

黄凯妈妈劝道，童言无忌，不要计较。可是同事仍是不依不饶地责备儿子说："你就不能用一种文明的说法吗？"继而转头问

黄凯说："凯凯，要是你，该怎么说？"平时黄凯都是说"上洗手间"或者"解手"，但万万没想到，此时，他说："文明的说法应该是'爸爸，我刚吃下去的食物要急着出来了'。"话音刚落，引起哄堂大笑，气氛一下子就变得轻松愉快起来。

幽默是一种俏皮、含蓄、机智的方法，是激活思维和创造的动力之一，有助于孩子个性品质的形成，也是人与人之间的润滑剂。透过幽默的表达，可以舒缓紧张的情绪，更能营造出快乐的气氛。就像黄凯的话一样，一下子就化解了沉闷的气氛。

在实施素质教育的今天，父母要善于发现和培养孩子的幽默感。具体可以从以下几个方面进行：

❶ 给孩子创设宽松愉悦的成长氛围

培养孩子幽默感的前提是养成乐观、自信的心态。在孩子成长的过程中，给孩子创造一个宽松、和谐、愉悦的成长氛围，不仅可以让孩子体验到快乐，也能促使他用快乐的心情去看待周围的人和事。

另外，父母可以给孩子创造幽默的环境。当孩子有幽默的言语或有趣的动作时，父母不能因为觉得孩子的表达失误而立马去纠正，可以给孩子一个赞许的眼神或一句鼓励的话语，建立他的自信心。

当孩子遇到尴尬的时候，父母可以用一个夸张的表情表示安抚，或者说句幽默的话来帮孩子化解尴尬。在幽默的环境中，让孩子耳濡目染，有助于孩子感受到幽默的魅力。

钱钟书先生是一位非常幽默的父亲，每当他和孩子一起玩时，总能把孩子逗得哈哈大笑。有一次，钱先生趁孩子起来睡着了，便用毛笔给孩子画上了胡须。当孩子醒后，照镜子时便哈哈大笑。且睡觉时，钱先生会在孩子的床上藏一些玩具，孩子必须全部找出来才能睡觉。在这样一位幽默的父亲的带领下，孩子每天都过得很开心。

哲人卡莱尔说："真正的幽默不是发自头脑，而是发自内心。"因此，培养孩子良好的情绪，引导孩子看到事物积极的一面，乐观面对现实，不怕失败，也是培养孩子幽默感的一个关键。孩子多一分乐观、豁达、自信，就多一分幽默。

❷ 锻炼孩子的敏锐思维

幽默需要机智。如果幽默不妥，反而会让人觉得反感。父母可以锻炼孩子的思维能力和理解能力，让孩子观察事物时从独特的角度出发，观点新颖才会让人有耳目一新的感觉。洞察力可以让男孩迅速地捕捉事物的本质，进而用恰当的语言将幽默淋漓尽致地表现出来。要想培养男孩的幽默，父母可以通过锻炼孩子的洞察力来实现。

幽默是一种智慧，只有博学才能更好地表现出语言的智慧。没有丰富的知识和活泼的语言，很难做到妙言成趣。因此，在培养孩子幽默感时，要注意让孩子多阅读、多观察、多思考，广泛涉猎，才能从各类书籍、趣事中学会幽默。在生活中，父母可以给孩子讲讲幽默故事、机智故事、脑筋急转弯等，锻炼孩子思维的敏捷性，提高孩子语言的丰富性。

❸ 鼓励孩子大胆地表现自己的幽默

幽默感是在与人交往中表现出来的，因此，父母要鼓励孩子大胆地表现出自己的幽默，为他们搭建一个可以表现幽默的舞台。当他们说出一些好听的话或者做出一些有趣的动作时，别忘了给他们一些掌声，让他们放松一下。而且，父母要用艺术的眼光，将孩子的幽默扩大并提炼，在合适的场合加以重视，以强化幽默感，让他们明白什么是幽默，如此才能更好地表现出来。

让孩子融入集体生活

在孩子的生活中，他们需要和同学、朋友等同龄人在一起，他们之间有许多悄悄话要说，有许多聪明才智要相互展示，很多规则正是在他们的交往过程中建立起来的。父母应该为孩子创造社会交往的条件和机会，鼓励孩子融入集体生活中，多与人交流、沟通，以此来培养孩子的集体主义精神。

然而，遗憾的是，很多父母并未意识到集体生活对男孩的影响，常不愿让孩子参与集体活动，使孩子丧失了与同伴交往的机会。每个孩子都有强烈的社会交往需求，父母应当充分地理解他，积极主动地为孩子多创造机会和条件，这样才有利于孩子更好地融入社会生活中。

有些孩子比较胆小、害羞，或者喜欢安静，对集体活动不感兴趣，讨厌活动中纪律或规则的束缚，对所有活动的兴致都不高。但

集体活动对孩子的成长又具有重大的意义，所以，父母应该采取一些行之有效的方法来鼓励孩子积极参与集体活动。具体可以采取以下几种方法：

❶ 为孩子创造共同活动、共同体验的环境与条件

男孩出生后有相当长的一段时间，都只是与家人相处。有些性格开朗的男孩可以很快地适应集体生活，也有一部分的男孩比较难以融入集体生活。针对不能融入集体生活的男孩，父母要有意识地引领和安排男孩参与到集体活动中，如节假日叫上几个亲朋好友一起郊游踏青、走亲访友等，通过一起参与集体生活，让男孩体验到集体生活的乐趣，从而提高男孩参与的热情和积极性。

晓科是独生子，小时候爸爸妈妈忙于工作，他的生活基本都是在家看电视、玩玩具，与外界的交流基本为零。直到他上幼儿园，他仍不懂得应该如何与同龄的伙伴们相处、交往，无法融入任何的集体活动中。

面对晓科这种状况，妈妈意识到如此发展下去会对晓科的人际交往能力极其不利，于是就和晓科商量周末邀请妈妈的几个好朋友带着孩子一起出去郊游。

为了能让晓科和小朋友们玩得开心，妈妈特意给他准备了水果、点心等，还带了几样玩具。星期天的早上，几个小朋友聚集在

一起，其他小朋友很快就玩得很融洽，唯独晓科拘谨地在一边不知所措。妈妈看了之后，就过去引领晓科和小朋友们一起做游戏。渐渐地，晓科不再有顾虑，愉快地融入小朋友们的游戏中。

看到晓科玩得那么开心，妈妈也特别高兴。尤其是晓科享受到了和大家一起玩的乐趣之后，他也愿意走入集体中，在幼儿园不再独自发呆了。

为了让孩子能够融入集体生活中，对于胆小拘谨的男孩，父母可以先作为他的小伙伴，陪同他一起加入游戏中，让他无所顾忌地享受集体的乐趣。再慢慢地退出，让他学会独立地与人交往。

❷ 发挥夸奖的激励作用

男孩能够突破自己在集体活动中取得进步，父母要及时予以肯定，用语言多鼓励孩子，这是男孩积极参与集体活动的无形动力。

昌昌刚上幼儿园大班，他不喜欢和别的小朋友一起玩。有一次，同小区的孩子邀请他去小区公园玩游戏，他不乐意：“我不怎么会玩，你们去吧。”

妈妈听到了，对昌昌说：“就是游戏而已，说了规则就知道啦。你看看人家都已经来邀请你了，去吧。”几个孩子也说：“是啊，是啊。”最后，昌昌被说服了，和小朋友们一起到小区里玩起

“老鹰捉小鸡”的游戏。妈妈也和他们一起去了。

游戏一开始，昌昌就兴奋了起来，几个孩子来回跑动着追逐，非常开心。突然，其中的一个孩子脚底一滑，摔倒了。昌昌看到了，快步跑过去，把他扶了起来。之后，大家又继续玩了起来。妈妈看在眼里，乐在心里。

回到家后，妈妈便表扬昌昌：“儿子，你今天表现得真棒！还懂得帮助别人，不错！”昌昌听后不好意思地笑了，从那以后，他经常和小朋友们一起出去玩。

通过集体活动，孩子可以从自我意识中解脱出来，更好地去认识他人。在游戏中，他能学会自律和遵守纪律，还能让他学会关心别人，在集体中起到带头作用，加强他的责任感。因此，父母如果有时间，请多带孩子积极参与到义务活动、体育活动、文化活动等集体生活中，让孩子在集体中完善自我。

❸ 引导孩子在集体活动中发挥主动性

集体活动是一个大家庭，在这里男孩不能为所欲为，要顾及他人的感受和活动规则。如果男孩不走出家门，加入集体活动，他就无法看到原来并不是所有的人都会像爸爸妈妈一样精心地照顾自己。与此同时，要引导孩子发挥主动性，让他在集体活动中学会助人为乐，当他人遇到困难时要积极主动地帮助他人，以获得他人的认可。

如果男孩在集体活动中遇到了困难，请父母多给孩子一点时间和耐心，了解他的需求，根据他的能力、兴趣、爱好等带他参与集体活动，给他提供发挥特长、帮助他人、服务于集体的机会。当然，不要过于强迫男孩加入集体活动中，以免引发他的抵触心理。

第六章 学习能力不是与生俱来的

孩子学习不好的一个重要原因是学习能力不强。学习能力在学习过程中起着非常重要的作用，父母要从小培养孩子良好的学习能力，发挥孩子独特的潜质，为其今后的学习打下良好的基础。

培养孩子超强的学习能力

男孩都喜欢玩，对安安静静地学习则缺乏耐心。如果对学习没兴趣，就很难从学习中获得快乐，也很难学好。作为一个明智的父母，要把握好男孩成长和学习的规律，先要培养男孩对学习的兴趣。

学习兴趣指一个人对学习的一种积极的认识倾向与情绪状态。从教育心理学的角度来说，兴趣是一个人倾向于认识、研究获得某种知识的心理特征，是推动人们求知的一种内在力量。孩子对某一学科有兴趣，就会持续地专心致志地钻研它，从而提高学习效果。

6岁的辉辉非常讨厌学习，但每天晚饭后，爸爸妈妈都要求他必须学习一个小时才能看电视或玩玩具。然而，他的心思并不在学习上。为了应付爸爸妈妈，他就坐在书桌前玩纸和笔，时间一到，他就欢喜地跑去玩耍了。

一段时间过后，爸爸发现这种强迫的方式对辉辉的学习并没有任何作用，他根本就没有学进去，反而对学习产生了厌恶感。因此，爸爸决定换一种方式。

一天，爸爸带辉辉去爬山，在山顶上吹着山风，眺望远处若隐若现的景色，辉辉的心情非常愉悦。此时，爸爸对他说："儿子，学习就像这座山峰，如果你没有爬到山顶，你就无法俯瞰山下的风景。如果你没有爬到知识的山顶，你就无法领略学习的乐趣。当你爬到山顶，就是把一门课程踩在了脚下，你就比山更强。爸爸小的时候没有机会去爬知识的山峰，不过爸爸后来无论遇到什么事，都没有认输过，希望你也不要被它们打败。"

此后，辉辉就把学习看作爬山，每当多明白一些知识、多改正一道错题，他都感到非常高兴，就像和爸爸手拉着手，一起站到山顶上大喊一样。他每取得一点成绩，都急着跑回家告诉爸爸，爸爸也为他的成绩感到特别高兴。

喜欢玩是孩子的天性，但在很多父母心目中，玩和学是完全对立的，玩占用了孩子学的时间，于是他们竭尽全力"占领"孩子玩耍的时间，剥夺了孩子玩的天性。其实，最好的教育方式是寓教于乐。玩与学是两种互补性活动，相辅相成，如果父母能将孩子的玩与学结合起来，在游戏中激发孩子的学习兴趣，学习就会达到事半功倍的效果。

然而，要培养孩子的学习兴趣并不容易，父母可以从以下几个方面做起：

❶ 增强学习的趣味，培养直接兴趣

如果学习能给孩子带来快乐，他就会享受这份快乐，也会喜欢上这个感觉，进而喜欢学习。对于年龄越小的孩子，父母培养他的学习兴趣越要以他的直接兴趣为主。如有些孩子喜欢跳舞，他就享受跳舞过程中给他带来的延伸、扩张；有些孩子喜欢画画，他就乐于用笔在纸上画出他的思维，放飞他的想象。

父母要善于发现每个孩子的优点和兴趣所在，对于孩子感兴趣的但还不擅长的，父母不能开口闭口就是“这么简单都不会”。这种负面的评价只会打击孩子的学习兴趣，不但让孩子在学习中感到压抑，还会让孩子厌恶学习。如果孩子确实做得不够好，父母可以给予批评，但一定要让孩子明白批评他的理由，也可以给孩子提出改善的意见。

对于新的学习内容，父母可以让男孩一开始先体会到成功的喜悦，这样既可以增强孩子的自信心，又能让他学习时更快乐。

❷ 让男孩明确学习目的，培养间接兴趣

男孩的学习目的应联系孩子的思想和实际，父母要对其进行耐

心细致的正面教育，通过生动形象、富有感染力的事例，把学习目的与生活目的联系起来，这样才能收到良好的效果。

小区附近的广场上，每天晚上8点，都有一群孩子在表演舞蹈。5岁的李帅看到小朋友在广场中翩翩起舞，他也想去表演。可是他跳得不好，因为他不喜欢练习舞蹈的基本功，吃不了这份苦。

妈妈看出了李帅对学习舞蹈后可以参加各种演出表演活动感兴趣，就对他说："李帅，等你学好了舞蹈，你也可以在这里给我们表演。今后在你们的晚会上，你也有机会上台，是一个挺好的体验。"

听了妈妈的鼓舞，李帅想了一下，说："妈妈，那我从明天开始就认真地练好基本功，以后就可以参加各种演出表演活动了。"

妈妈正是利用李帅想表演的兴趣，激发他勤奋练习舞蹈基本功，通过他学习舞蹈的目的来提高他的间接兴趣。

❸ 利用孩子的好奇心，培养学习兴趣

孩子的好奇心较强，父母可利用孩子的这个特点来激发孩子的学习兴趣。在家庭中，经常看到有些孩子会把小闹钟、小汽车等拆开来研究，有些孩子会不断地提问为什么，如果父母不了解孩子的特点，仅仅把孩子的这些行为看成淘气、捣乱，不理睬孩子或者批

评孩子，就会伤害孩子学习的积极性，挫伤他的求知欲。

对于孩子提出的问题，父母要给予一定的回应，如果不了解，可邀请孩子一起探索，但千万不能敷衍了事，否则会打击孩子的积极性和好奇心。

有研究表明，对学习有浓厚兴趣、自觉性强的孩子，大都能专心听讲，注意力集中，认真做笔记，肯动脑筋，爱提问题，按时完成作业，主动阅读有关的课外书籍，并且有克服困难的顽强毅力。而那些漫无目标、缺乏学习兴趣的孩子，在学习上往往很被动，学习不专心，对待学习任务敷衍了事，遇到困难易产生消极、畏难情绪，把学习当成一种负担。

让孩子养成动手动脑的良好习惯

动手是孩子认识世界的根本途径之一。然而，在很多家庭中，男孩习惯了饭来张口、衣来伸手的生活，基本上与家务活没有任何的交集，男孩被父母惯得只会做功课和玩电子游戏机。因此，培养男孩勤于动手的习惯就显得非常重要。

一次，幼儿园举行一次“夹球游戏”比赛，比赛中，许多小朋友熟练地一个接一个把小塑料球从大口瓶中夹到小盆里。4岁的吴敏也努力地夹着，可他的双手好像不怎么听使唤，他越想夹起来，就越容易滑掉。妈妈在一旁着急地喊着：“夹呀，夹呀，敏敏快点夹呀，手不要抖……”

吴敏急得汗珠都冒了出来，听到妈妈的喊叫，他有点恼怒地对妈妈说：“谁让您平时不让我用筷子吃饭呢，现在我都不会夹啦。”妈妈脸红了，是啊，孩子不会用筷子该怪谁呢。

目前，有相当一部分家庭还存在这样的现象：孩子五六岁了，大人还在哄着给孩子喂饭，帮孩子穿衣服；孩子上小学了，还不会自己收拾书包；上中学了甚至还会把衣服拿回来给妈妈洗，从不碰家务事。

动手是孩子成长的基础，是孩子智力开发的“头脑体操”。生活中，父母应该要求孩子做他力所能及的事情，而不只是学习书本知识。双手灵巧的孩子往往学习成绩出色，社会适应能力良好，人格发展比较健全；反之，不爱动手、懒惰、被动的孩子，常常学习成绩差，意志薄弱，对学习和其他活动无责任心。可见，动手与动脑是相互促进的。

在日常生活中，父母剥夺了孩子的动手能力，让大部分的孩子缺乏搜集分析资料、缺乏使用语言正确表达思想的训练。对于不喜欢动手也不愿意思考的孩子，父母可以从以下几个方面进行引导：

❶ 培养孩子的动手兴趣，在动手过程中引导孩子进行思考

“兴趣是最好的老师”，如果孩子对某件事有浓厚的兴趣，他就会想办法去克服困难以达到自己的目的，同时，他会在做这件事情时，不断地发现其中的乐趣，一直坚持下去。

妈妈为了培养5岁的纳纳的动手能力。一天，妈妈在择菜时，

对正在玩玩具的纳纳说：“儿子，过来帮妈妈择菜，好不好？”

纳纳说：“不，择菜有什么好玩的，我还是想玩玩具。”

妈妈继续说：“择菜可好玩了，玩玩具什么时候都可以玩，但是择菜每一天都不一样，不一样的菜择起来也会有不一样的乐趣，你不想尝试一下吗？”

听妈妈这么一说，纳纳的注意力被吸引了过去，跑过去对妈妈说：“好啊，那我试试。”

妈妈拿起一根豆角，说：“你看，这个鼓起来的，里面是豆豆，塌下去的是中间的间隔，我们择的时候，就从中间择断。”

刚开始，纳纳只按着妈妈的指引择，择了一会儿，他就好奇为什么不能从鼓起来的地方择断，因此就尝试了一下，看到豆豆蹦了出来，开心地说：“妈妈，原来从这里择断，豆豆就可以蹦出来啊。”

妈妈说：“是呀，这个豆荚就像是豆豆的房子，要是我们把它的房子拆开了，它就会蹦出来。”

“哈哈，真好玩。”而后，每当看到妈妈在择菜，纳纳都想过来帮忙，一边择菜，一边听妈妈给他讲解，同时不断地激发他天马行空的想象能力。

父母是孩子的启蒙老师，对孩子的影响很大。在生活中，父母不妨像纳纳的妈妈一样，鼓励男孩参与到家务活中，同时，向孩子提出一些问题，激发孩子的求知欲望，引导孩子自己动脑筋思考如何解决问题，鼓励孩子去想象，提高孩子的想象能力。

❷ 从易到难，循序渐进地培养男孩动手动脑的兴趣

有些父母一旦认识到孩子动手动脑的重要性之后，就一次性地给孩子提出了太高的要求，这种做法是不可取的。孩子的能力有限，做任何事情都要有一个循序渐进的过程，如果过于求进，孩子就很难完成，就会产生挫败感。

父母要根据孩子的实际情况，从较为简单、直接的问题入手，引导孩子去动手、去思考，如比较两件事物的异同，然后再根据孩子的发展程度，逐渐加大难度，如遇到问题时，引导孩子去想办法解决困难。

❸ 将培养男孩动手动脑的兴趣融入生活之中

对于抽象问题，0～6岁的男孩很难理解。父母在教育孩子时，给孩子讲解100次，不如让孩子去做1次。比如，你向孩子描述如何搭积木，给他讲再多技巧，他都不能充分理解，只有到了游乐场，真正地去玩过之后，他才能悟出其中的奥义。因此，父母不如多创造一些动手动脑的环境，让孩子自己去动手，在活动中启发孩子思考的能力。

如果你的孩子取得了小小的进步，请不要选择忽视，及时给他肯定，鼓励他，他才会尝到爱动手动脑的甜头，才愿意去继续发扬这种精神。

培养孩子爱读书的好习惯

一本好书，不仅可以培养孩子的好品格，还能丰富他的课外知识。“书中自有黄金屋”，从小培养孩子养成爱读书的好习惯，相当于给他的人生送一屋“黄金”，取之不尽，用之不竭，对他的一生有着积极的作用。

现在很多父母都开始注重培养孩子的阅读习惯，如胎教时给他读书，出生不久之后就会在固定的时间给他读故事书，都是希望能在早期培养他的阅读习惯。

3岁之前的孩子基本都是被动阅读，他们认识的字还不是很多，读书大都需要父母的朗读。3岁开始，经过父母的引导，他会尝试着去认字，他基本能读懂父母经常给他读的漫画书。随着他认知的不断提高，认字的速度也会不断提高，求知欲望不断增强。不过，孩子的读书兴趣是需要培养的，通常父母可以通过以下方法来培养孩子对阅读的兴趣：

❶ 父母要舍得购书、藏书，培养男孩主动读书的意识

很多父母开始注重培养男孩的读书意识，可大多数家庭存在家中无一本藏书的现象。男孩出生之后，父母才会根据畅销书推荐给孩子买一两本图书，孩子翻来覆去接触到的只有那几本书，如此，孩子很容易把书和其他玩具混为一谈，并不会形成读书的意识。

对于家中藏书不多的父母，可以有意识地带孩子进书店，让孩子徜徉在书海中，感受书店里的读书氛围，培养孩子的读书意识。

孩子还小时，父母带孩子去书店要指引孩子选择书籍。等孩子有了自己的判断能力后，父母可以跟着孩子，观察孩子在看哪些书，必要时给予一些引导。

5岁以上的孩子有了读书认知，在逛书店时会发现自己喜欢的图书可能不在父母的选择之列。此时，父母要给孩子一些选择的权利，适当地允许他购买他喜欢的书籍，让他对书产生兴趣。

❷ 与孩子共同阅读同一本图书，分享阅读乐趣

太多父母忙于工作，无暇顾及孩子是否读了什么书，有什么体会。时间是挤出来的，建议父母不管有多忙，每天都要抽出一点时间来陪孩子阅读。分享名家经典，不仅可以陶冶自己的情操，还能滋润孩子的心灵，更有利于亲子双方在文化修养上的共同提升。

与孩子一起读书的时刻也是家庭中最温馨、幸福的时刻，在阅

读中，可以增进亲子感情。还未形成阅读氛围的家庭，可以选择一个固定时间定为阅读时间。在这段时间内，要克服种种困难，坚持读书，您的家庭中也能形成阅读的好习惯。

❸ 和孩子聊聊书，分享读后感

和孩子共同读完一本书之后，有些父母喜欢向孩子提问关于书中的内容，或要求孩子复述书中的故事，考查孩子是否理解并记住书中的内容，这很容易引起孩子的反感。阅读是一件非常愉悦的事，父母不应把阅读变成孩子的任务，且读书是一种“细雨如丝润无声”潜移默化式的滋养，不可能立竿见影。

因此，父母可以把提问变为和孩子聊书，所谓“一千个人眼里有一千个哈姆雷特”，也许孩子的理解不那么准确，与父母的想法不那么贴合，但那也是孩子认知高度的体现。如果父母觉得孩子的理解存在错误，可以巧妙地引导孩子，千万不要粗暴地否定孩子的想法。

“聊书”是一个平等氛围的平等对话，父母应该和孩子彼此敞开心胸，说说自己的见解，谈谈自己的发现。通过聊书，可以帮助孩子去发现在阅读过程中被忽略的点、好玩的东西，可能经过父母一提醒，为了重温那些有趣的句子，孩子会乐意去重读。

❹ 给孩子的读书做一个记录

不少父母喜欢给孩子做成长记录，记录孩子的每一个进步，记录日常活动中的童言稚语，这是非常好的习惯，且随着科技的发展，拍照、录像、记录变得非常便利。回味起来，乐趣无穷。

如果父母把这种记录的习惯贯穿于孩子的整个读书历程中，不但会非常有趣，对引导孩子阅读也有很大的帮助。最简单的是记录孩子读过的书和阅读的时间段。有心的父母可以记录得更加细致一些，包括孩子阅读的方法和孩子的反应，提出过什么有趣的问题或有什么样的读后感。通过这些记录，父母可以看到孩子的阅读发展情况，也可以用来重温当时阅读的快乐情景，从而进一步重复阅读或进行延伸阅读。

解放孩子的大脑，培养孩子的创新能力

创新能力是如今社会发展最需要的能力之一，并且创新能力也是孩子最有价值的能力之一。一个人将来有多大的成就，在很大程度上和他的创新能力有关。

英国某家报纸曾举办一项高额奖金的有奖征答活动，题目是：“在一个充气不足的热气球上，载着三位关系世界兴亡命运的科学家。第一位是环保专家，他的研究可拯救无数人们，免于因环境污染而面临死亡的厄运。第二位是核专家，他有能力防止全球性的核战争，使地球免于遭受灭亡的绝境。第三位是粮食专家，他能在不毛之地运用专业知识成功培育食物，使几千万人脱离饥荒而亡的命运。此刻，热气球即将坠毁，必须丢出一个人以减轻载重，使另外两个人得以存活，请问该丢下哪一位科学家？”

问题刊出之后，因为奖金数额庞大，信件如雪片飞来。在这些信中，每个人都竭尽所能，甚至天马行空地阐述他们认为必须丢下哪位科学家的宏观见解。最后结果揭晓，巨额奖金的得主是一个小男孩。他的答案是："将最胖的那位科学家丢出去。"

看到这个问题，相信很多人都会考虑哪位科学家对人类的贡献最小就把哪位丢下去，从当今世界人类的需求出发去寻求答案。那为什么一个孩子能做出正确的回答呢？只是因为孩子的出发点不一样。

当然了，孩子的想象力也并非凭空产生的，生活给了他启示，他去探索、去发现、去学习，他的思维才能得以健康成长。然而，在男孩的成长过程中，父母给了男孩太多束缚。当男孩去探索时，父母会以"危险"来阻止他；当男孩去发现时，父母会以"浪费时间，无用功"来冷眼对待他。因此，父母要改变观念，从以下几个方面去培养孩子的创新能力：

❶ 营造宽松愉悦的家庭氛围，开拓男孩的思维

家庭关系平等，男孩的思维才不会被压抑，他才不会感到紧张。在平和、愉悦的家庭氛围中，他才能做他自己，才能解放他的时间和空间，才有时间从家庭小社会中获取更加丰富的知识，才有机会体验人生，让创造性思维得以健康成长。

就目前而言，很多家庭中存在着不平等的家庭关系。一种是父母高高在上，男孩没有任何的发言权，一切都得听父母的；另外一种是父母对男孩过于溺爱，家庭成员都围着孩子转，孩子说了算。这两种不恰当的家风并不利于男孩创新能力的培养。只有在愉悦、宽松的家庭氛围中，每个成员都有表达自己想法的机会，谁的主意好就听谁的，这样男孩才会积极开动脑筋，从而形成创新意识和创新精神。

❷ 减少外部压力，增强内部动机

纵观古今中外，能创造出好作品的作家，都是从他们自己的内在兴趣出发进行创作的。如果作家只为了稿费而去写作，他们的作品往往会平淡无奇。因此，父母要遵从男孩的兴趣，从兴趣出发，增强男孩学习的内部动机。

6岁的小马迷上了粤剧，一有时间就往家附近的粤剧院跑，还能模仿唱出一大段，甚至叫妈妈把他送去学粤剧。可是妈妈并不认同他的兴趣，认为男孩更应该学医科或者学理工科，以后可以做个医生或工程师，比较容易找工作，赚钱也多，而学粤剧根本没有什么出路。因此，妈妈开始不让小马去粤剧院，更不用说送他去学粤剧了。

自从妈妈限制了小马的兴趣之后，小马就变得无精打采，对其他事情也没有任何兴趣，更没兴趣学习了。

父母可以从男孩的兴趣出发，巧妙地引领他去开阔他的视野，而不应给那么小的男孩灌输太多的现实性的问题，束缚男孩的内心自由，影响其心理自由和心理安全，遏制他的创造力。

❸ 经常带男孩接触新鲜事物

如果男孩对外面的世界一点儿都不了解、不熟悉，是难以凭空产生创新能力的。父母要根据男孩年龄的大小和生活环境，平时多带男孩到外面接触各种新鲜事物，开阔男孩的视野。随着男孩认识的事物增多，他的想象力就更加宽广，也就越能触发他的灵感，使他产生新的想法。

第七章

时刻关注孩子的情绪

研究表明，如果父母在孩子5岁前就训练他们管理自己的情绪，那么他们的学习和社会交往能力就会表现得更好。对于男孩来说，他们的情绪往往会因得不到正常的发泄而产生巨大的压力。有心理学家说过：“在孩提时代，男孩比女孩更容易抑郁。”因此，父母更要关注男孩的情绪，培养男孩的情绪控制能力。

化解孩子的焦虑情绪

在我们的身边，不乏这样的男孩：他们时常出现情绪不稳定、烦躁、吵闹、胆怯等表现。到了入学年龄，有些孩子表现出对学校的厌倦，每天不愿意去学校，甚至装病不肯去学校。对于这种情形，爸爸妈妈看在眼里，急在心里，却又束手无策。

焦虑是情绪中很正常的一部分，每个人都会经历，父母要让孩子认识到焦虑是很正常的情绪。0～6岁的孩子年龄较小，由于语言表达能力不足无法表述自己的意愿，长时间被父母强迫做自己不喜欢的事情等原因，孩子就会感到焦虑，表现出不愿意去陌生的地方、哭闹、紧张等。小孩子最常见的焦虑类型是分离性焦虑，这就是孩子上幼儿园或与父母分开时常常哭闹不休的原因。

3岁的陈朴同其他小朋友一样，第一天去幼儿园就哭闹得不

行，妈妈看见儿子哭得可怜兮兮的样子，真心舍不得。但是，妈妈意识到应该培养儿子的独立精神，减少儿子的分离性焦虑。

陈朴第一天下课回到家，妈妈和陈朴玩起了捉迷藏游戏。妈妈躲，陈朴找。当他找到躲在房间里面的妈妈时，他开心地笑着说："哈哈，找到妈妈了。"

妈妈抱起陈朴说："宝贝真厉害，这么快就找到了妈妈。"看着儿子笑得那么开心，妈妈询问儿子说："宝贝，你今天去幼儿园怎么哭了呢？"

陈朴说："妈妈，我看不到您，我很担心。"

妈妈说："宝贝是担心妈妈不要你了，是吗？"

陈朴乖巧地说："嗯，妈妈把我放在幼儿园里，不陪我了。"

"下课后妈妈不是接你回来了嘛。"看到儿子沉默了，妈妈进一步引导说："儿子，就像刚才我们玩捉迷藏一样，你去幼儿园时，妈妈就躲在了你不知道的地方，但妈妈一直都在，等你下课了妈妈就会出现，让你看到妈妈，把你接回家。"

"妈妈，您会一直陪着我吗？"陈朴仰起小脸问妈妈。

"那肯定啊。"

"嗯，我知道，我上幼儿园的时候，妈妈只是躲了起来。"陈朴好像明白了妈妈的比喻。

此后，陈朴就不再因为去学校或与妈妈分开而感到焦虑哭泣了，还会安慰其他小朋友说爸爸妈妈只是暂时躲了起来，放学后就会出现了。

玩捉迷藏游戏是最有效的帮助孩子适应和父母分离的方法，就像陈朴的妈妈一样，通过玩捉迷藏的游戏引喻到去幼儿园上，让孩子在玩耍中知道，父母不在眼前不代表他们消失了。

很多时候，孩子感到焦虑时，父母爱子心切，总会让孩子躲进自己温暖的怀抱中，为孩子遮风挡雨。其实，父母可以利用这一时刻，对孩子进行心理辅导，帮助他们直面挑战，一起讨论生活中的焦虑，这样有利于培养孩子控制情绪的能力。

焦虑情绪直接影响孩子身心健康的成长和独立性的培养，那么该如何化解孩子的焦虑情绪呢？父母可以从以下几点做起：

❶ 以正确的态度应对孩子的焦虑情绪

孩子有情绪时，父母要体谅孩子，不要单纯地认为孩子是无理取闹而打压孩子的情绪，更不能被孩子的焦虑情绪触怒。鼓励孩子说出为什么焦虑，才能更好地引导孩子化解焦虑。

相反，如果孩子不愿意说出心中的焦虑，父母就无法了解他的想法，更无法引导和帮助他发泄出来。另外，诉述的过程也是一种发泄的办法。因此，当男孩感到焦虑时，父母要鼓励孩子描述一下自己的感觉和想法。

❷ 用鼓励的方式增强男孩的勇气

对未知事物感到恐惧，这是非常正常的。如果男孩对陌生的情景表现出退缩、害怕，父母不要急着否定孩子，也不要急着保护孩子而带他撤退，而应陪伴他一起面对，给他适应时间，降低他的焦虑，增强男孩面对陌生事物的勇气。如果男孩能够勇敢地面对他原本害怕的事物，父母要及时给予正面的称赞和鼓励，如害羞的男孩有一天主动与他人打招呼，请称赞他有礼貌的行为。

❸ 给男孩空间，避免过度地保护或指责

出于对男孩的爱，父母会本能地保护情绪焦虑的孩子。但是，如果过度保护，就会滋生男孩的依赖心理。有些父母一看到男孩受到威胁或感到恐惧，就直接上前呵护孩子。当然，这对0～3岁的男孩来说，或许是很好的一种处理方式，可以带给孩子安全感。随着男孩年龄的增长，父母过度地保护男孩就等于剥夺了男孩探险的机会，让男孩失去了成长的机会。

男孩感到焦虑时，请不要再对男孩进行负面评价，如对男孩说："这有什么可怕的，真是胆小鬼！"这会导致男孩对自我产生错误的认识，甚至会否定自己，面对陌生事物时会更加焦虑。

不能让孩子成为情绪的俘虏

无论是在家里，还是在公共场合，都会遇到孩子因各种事情发脾气而大哭大闹的情况，往往会让人既抓狂又沮丧。也常常听到很多父母训导男孩子说："哭什么哭呀，总是像个女孩子一样。"此时，哭好像成了女孩的专利，而男孩就被剥夺了用哭来发泄自己情绪的权利。

情绪是需要去面对的，而不是被压抑的，是可以被接纳、疏导的。然而，很多男孩的情绪往往得不到正确的处理，更多的是被父母用各种手段压制着，这对男孩的心理健康极其不利。

小易有很多爱好，尤其喜欢捡地上的树叶和石头，还常常把这些东西带回家，专门准备了一个盒子来装这些东西。而爱干净的外公却看不惯小易的这些行为。

有一次，趁着大扫除，外公把小易眼中的“宝贝”扔进了垃圾桶里。小易回到家发现之后，大哭大闹了一番，一边哭一边指责外公：“我的东西，您为什么不经过我的允许，就把它们扔掉了？您赶紧去垃圾桶里捡回来。”

外公以为这是孩子的一时情绪，并没有加以理会，只是说已经被清洁工拉走了。小易气得直跺脚，爸爸妈妈看到了小易的伤心和气愤，也觉得是孩子在一时闹情绪，就任由小易闹。

小易闹了一会儿，就伤心地回到房间里关上了门。而此后，小易像变了一个人似的，变得沉默寡言，对所有的事情都提不起兴趣，也不愿意和爸爸妈妈、外公说话，经常独自躲在自己的房间里……最后，等父母发现小易的异样时，才意识到忽略孩子的情绪对孩子的伤害有多大。

有时，男孩特别脆弱，他们身上有着一股倔劲儿，他们更需要父母时刻的关注，需要父母在适当的时候为他们确定航标、指引方向。与女孩相比，男孩更加自我，且好面子，他们不善言辞，不愿意表达自己内心的想法，也经常用“发火”的形式来发泄自己的情绪……因此，父母要时刻关注男孩的情绪，不能让孩子沦为情绪的俘虏，有时只因父母的一个疏忽，可能就会导致孩子自闭。

如今，很多孩子越来越情绪化，稍有不顺就发脾气、摔东西，和小伙伴们有矛盾的时候，也往往通过吵架或打架的形式来解决问题。孩子成了情绪的俘虏，这极大地危害了孩子的身心健康。作为父母，一定不要忽视孩子的情绪问题，在看到孩子的情绪出现问题时，要采取积极的手段进行挽救，比如以下几种方式：

❶ 教育孩子健康地管理自己的情绪

有一些孩子遇事总是喜欢大喊大叫，这是一种情绪的表达，但是一种不好的情绪表达方式。父母要通过其他方式来引导孩子，遇到事情时要冷静，用冷静的语气和孩子说话，潜移默化中，孩子就不会大喊大叫了。

国庆假日期间，妈妈带3岁的小杰到阿姨家做客。可是在玩耍的过程中，小杰总是不时地大声喊叫，尤其是不顺意的时候，妈妈向阿姨抱怨说没想到自家的孩子竟变成了这样。

这时，正在玩耍的小杰不小心摔倒了，妈妈看到了，大声尖叫了一声，跑过去抱起小杰，一边安慰他还一边不停地大声责备他。事后，阿姨对妈妈说："我知道小杰为什么喜欢大喊大叫了，这不就是你对待他的态度吗？他都学会了。"妈妈这才恍然大悟，是自己给孩子树立了一个坏榜样。

父母生气的时候怎么做，孩子也会学着怎么做。如果父母连自己的情绪都管理不好，那如何教育孩子去学习管理自我情绪呢？

❷ 给孩子更多关爱

当婴儿有情绪的时候，父母的抚慰可以平息他的不安情绪。随着孩子的成长，很多父母便忽略了对孩子情绪的安抚。然而，不管哪一年龄阶段的孩子，在感到无法控制自己情绪的时候，都需要大人的关心。如果父母发现孩子烦躁不安，请不要去呵斥孩子，试着去关心他，当他感受到了父母的关爱，就会自觉地配合父母，走出情绪的阴霾。

❸ 父母应当接受孩子的感受，即使他的方式不恰当

当孩子有不良情绪时，如果父母积极地回应孩子，让孩子知道父母在支持着他，尽管他的情绪不好，但父母也会明白他的感受，也会陪伴着他，他就会学着去面对并处理不良情绪，而不是发泄。因此，父母可以用“同情”的方式回应孩子，比如，当事情不如孩子心意时，可安慰他说：“宝贝，我知道这非常令人失望……我很抱歉事情没有像你想要的那样解决。”

❹ 父母应当指导孩子的行为，而不是惩罚

孩子做错了事情，父母只会斥责或者警告后果，而不会给予任何帮助，这就会给孩子传递一种信息：情绪统统是有害的。因此，孩子会试图去压制自己的情绪，但是压制并不是解决问题的办法，

只会引发孩子更深层的恐惧。因此，父母应该用积极的指导来取代惩罚，当孩子做错事或者产生不良情绪时，可以给予孩子指导，帮助孩子更好地控制自己的情绪。

毫无疑问，教会孩子控制情绪非常重要，不要让孩子沦为情绪的俘虏，而要让孩子学会接受。情绪并不是坏的，不要恐惧它，那只是丰富人生的一部分。我们无法选择情绪，但我们可以选择以最好的方式去表达情绪。

让孩子意识到不良情绪的危害

哈佛大学研究人员做过这样的试验：把6个月大的婴儿与其父母请到实验室，设定情景玩耍并进行录像。妈妈给孩子看玩具并与婴儿说话，10分钟后，妈妈停止与婴儿玩耍并板起面孔以使婴儿感到烦躁不安。而后，妈妈又温柔地安慰婴儿，抚摸他，并与他说话。

实验发现，妈妈板起脸后，男婴哭泣和烦躁的次数明显增多，在妈妈试图安慰他的时候，男婴也表现得更不容易平静下来，需要妈妈更多的努力。

相比之下，女孩更易于表达负面情绪和情感，而男孩恰恰相反，他们不善于表达，甚至选择压抑自己的负面情绪。孩子的情绪问题对孩子的成长至关重要。积极的情绪对孩子的身心发展起着促进作用，消极的情绪则可能使孩子的心理失去平衡，如果不能进行正确的教育和引导，就会影响孩子的人格构建，甚至是未来的生活和事业。因此，对于孩子的负面情绪和情感，父母要及时发现并进行有效的干预，让孩子意识到不良情绪得不到发泄的危害，并引导孩子去化解负面情绪。

❶ 父母先接纳孩子的负面情绪

不少孩子面对不如意时，常用的方式就是大喊大叫，其实这是孩子的一种表达方式，父母不应把它想象得多么严重，否则就会被孩子的情绪牵引着，也会变得不冷静。

面对孩子的歇斯底里，很多父母都会训斥孩子说："为什么这么不懂事呢？"其实，这样做不仅不会使孩子的负面情绪消失，反而助长了孩子的压抑，对孩子产生极大的伤害。孩子本身就有负面情绪，还要承担来自父母的负面情绪，这更加大了孩子的压力。

面对孩子的负面情绪时，父母要保持冷静。"爱之深，责之切。"父母是因为太爱孩子，当孩子表现得不如意时，父母才会生气、责备。可是父母的训斥只会让孩子忽略父母的讲话内容，而关注父母的情绪。比如，孩子因为贪玩摔倒了，看到他受伤了哭得很伤心，父母因心疼他但又恨他太贪玩，就把他痛骂或打了一顿。此时，孩子的注意力就被爸爸妈妈的情绪吸引，孩子的情绪就会变得更加糟糕。

❷ 教会孩子接纳自己的负面情绪

不要担心孩子害怕或伤心、流泪，这是孩子情绪的正常表现方

式。父母要试着引导孩子接受自己的情绪。

一天，3岁半的吴浩又在玩玩具汽车，拿着汽车加速撞向墙壁。妈妈看见了说：“浩浩，你这样很容易撞坏小汽车的，我们要温柔一点。”

但是吴浩并不听妈妈的话，依旧加速让汽车撞向墙壁。果然，不一会儿，玩具车被撞坏了。看到心爱的玩具坏了，吴浩就伤心地哭了起来。正在做菜的妈妈赶紧跑过来，了解到事情的缘由之后，妈妈温柔地说：“宝贝，玩具车坏了，妈妈和你一样感到很伤心，但没事的，妈妈也曾和你一样，因为玩具坏了而伤心。”

待安抚好吴浩的情绪，妈妈进一步教育说：“浩浩，如果你撞到墙壁，你也会感到痛的，对吧？玩具车也一样，它也怕疼，所以要温柔地对它，要不它就会很容易坏掉的，知不知道？”

当孩子心爱的东西坏了，孩子难过时，有些妈妈可能会说：“我早就跟你说过了，你就是不听，你看现在知道错了吧。”其实，妈妈应该做的是倾听和同情，接受孩子的情绪。当然，父母也不要因为孩子的负面情绪而急于想办法解决孩子的问题，如答应给他买新玩具。如此，孩子就认识不到错误，体会不到负面情绪对自己的影响。

❸ 合理释放，转化负面情绪

父母应当认识到合理释放情绪及转化负面情绪的重要性，把有利的方面充分发挥，才能把弊端尽力压下去。

孩子的年龄阶段不一样，表达情绪的方式也就不一样。如刚出生的婴儿，通常会采用哭闹的方式来发泄自己的情绪，到了3岁左右，就学会用大喊大叫来表达他的难过情绪。其实，不管用什么方式，哭泣或者大喊大叫，都是把孩子的身体调动起来，让孩子内心的苦闷随着肢体的一举一动逐渐被发泄出来。

转化负面情绪是对父母和孩子更高的要求。凡事往积极的方面想，很难做得到，但有一个很有效的办法，那就是借想象来满足孩子的愿望。

一天，林祥从幼儿园回来，一副闷闷不乐的样子。妈妈看到了，关心地问儿子：“宝贝，怎么了？”

林祥很难过地说：“今天我和小宝（林祥最好的朋友）玩闹的时候，不小心打碎了他的水杯。他说我是故意的，但我真的不是故意的。”

妈妈说：“他误会了你，是吗？”

林祥委屈地说：“是啊，现在他都不跟我说话了。”

妈妈想了一会儿，说：“嗯，宝贝，被好朋友误会，我能理解

你的心情。我们来想象一下，假如小宝会读心术，他就能读出你的歉意，然后就知道你不是故意的了……明白你的心意之后，他接受你的道歉，你们又和好如初了。”

待林祥的情绪稳定之后，妈妈再和他一起讨论如何去补救他的不小心，以及如何与小宝和好。

通过想象，可以帮助孩子从负面情绪中转移开来，父母再引导他去找到更好的办法来解决问题。当然，如果孩子的年纪还太小，针对孩子提出的问题，父母可以向孩子提供一些可以解决问题的办法，和孩子一起想办法解决问题，提高孩子解决问题的能力。

帮助孩子掌握快乐的好方法

父母能给孩子最好的礼物就是让他拥有感受快乐的能力。当然，这里的“快乐”可不是给他买个心爱的玩具那么简单，真正的快乐可以滋养孩子的心灵，让他对周围变化繁复的世界有足够的适应能力。快乐的孩子都有一个共同点，那就是开朗乐观，有自制力，且非常自信。

然而，很多父母觉得孩子不会有什么压力，也不懂得愁苦是什么，应该是快乐的，也无法理解孩子不快乐的原因。因此，看到孩子伤心难过时，父母并不会加以引导，总觉得过几天孩子就会忘记，又可以开开心心的了。其实并不然，如果父母不引导孩子，让其一直保持伤心、难过的状态，就会影响孩子的健康成长。

一对夫妻带着6岁的儿子来到一家心理咨询室。他们告诉医

生，不知从什么时候开始，调皮捣蛋的孩子变得闷闷不乐，也不再愿意去学校了。经过互动，心理医生了解到孩子心里有很多愤怒和委屈，父母和老师对孩子有着过高的要求，从不愿听听孩子的心声，孩子一旦达不到父母的要求就会遭受到打骂，导致孩子对学习极为反感，对家庭生活没有兴趣，每天都闷闷不乐。

心理医生了解到这对夫妻的教育方式之后，便给他们制订了一个适合孩子的教育计划与方法。经过一段时间，孩子的脸上终于有了笑容，情绪也慢慢得到改善，亲子关系也越来越亲密。

调皮是孩子的本性，父母却要求孩子做到老实、听话、安静，这与孩子的本性格格不入，如此一来，父母的期望就给孩子带来了不小的压力。也正因父母不懂孩子，孩子才会不愿听父母的，进而想办法反抗。父母的行为直接影响到孩子快乐与否，也决定了孩子快乐能力的高低。

很多时候，父母都会把问题推给孩子，责怪孩子不听话，自控力差。其实，这些都是父母不懂得如何塑造孩子快乐的性格而导致的。那么，在孩子成长的道路上，父母如何才能让孩子形成快乐的性格呢？

❶ 给孩子更多的时间和空间

很多事情，对孩子来说是一种挑战，对父母来说却是轻而易举的。在帮助孩子应付种种挑战的同时，父母要克制自己，留给孩子多一点时间和空间，让孩子自己去尝试克服困难。

在“鱼塘”前，一位妈妈带着3岁左右的男孩在捞鱼，看到小鱼从网里逃脱又跳到水里，男孩哈哈大笑，特别开心。过了一段时间，男孩试了很多次都不能成功地捞上来一条，但他仍然开心地尝试着，脸上洋溢着快乐的笑容。此时，坐在一旁的妈妈开始对男孩的捞鱼姿势指手画脚，可是男孩还是无法捞来一条鱼。妈妈不耐烦了，不停地骂男孩“笨”，最后还抢过了男孩的捞鱼“工具”，三两下就捞了几条鱼。可是，男孩却大哭了起来。

对于男孩来说，捞起多少鱼不是快乐所在，而捞鱼的过程才是令他最快乐的时光。在生活节奏不断加快的今天，父母开始要求男孩不断地加快速度，不断地让男孩在各种训练班之间奔波，直接挤掉了孩子的时间和空间，也间接剥夺了孩子的快乐。

为了让孩子形成快乐的性格，不如给他们多一点时间，给他们望着天空，看着云发呆的时间，这种看似无聊的活动，其实能极大地开发孩子的想象力。父母不如在自己被排得满满的日程中抽出一点时间，加入孩子的欢乐队伍中，陪孩子一起快乐。

❷ 教会孩子去帮助周围的人

“赠人玫瑰，手留余香。”快乐的一个重要原则是让孩子感觉

到自己在家庭中，在周围的大环境中都是一个有价值的成员，自己的行为也是有意义的，可以影响其他人的生活。因此，不妨给孩子多制造一些帮助别人的机会。比如，和孩子整理他穿不了的衣服，捐给福利院或其他有需要的孩子；让孩子帮忙做家务，增加孩子对家庭的归属感；等。

即便是非常小的孩子，他也能感受到帮助他人的乐趣。在国外，有很多专门为孩子设立的福利机构，其中最受欢迎的活动就是教小孩子用家里的废旧布条填充玩具熊。即使是只有两三岁的小孩，也会兴高采烈地帮忙给小熊贴上眼睛和嘴巴，然后赠送给福利院的小朋友。

❸ 让孩子避开消极情绪的影响

人有七情六欲，成人有时也会忧愁，也会大发脾气，也会伤心哭泣，但这种情绪应尽量避开孩子去发泄。如果父母与子女同处于一种压抑沉闷的氛围中，不仅不利于孩子的健康成长，而且很难获得进取的激情和向上的力量。

父母不能随意地向孩子宣泄种种不满和沮丧的情绪，尤其是对夫妻某一方的不满，更不要随意流露出茫然、悲观的生活态度。如有些单亲家庭，特别是由母亲养育长大的孩子，如果妈妈的情绪总是忧郁，也难以养出乐观的孩子。

因此，为了孩子快乐成长，父母双方应当互敬互爱，遇事商量，不要轻易地把矛盾暴露在孩子的面前。多与孩子沟通，给孩子积极的鼓励和引导，注意倾听孩子的意见，以“大朋友”的身份与孩子讲道理、谈问题。在平等交流的气氛中，孩子也会懂得自己对家庭和社会应承担的责任和义务。父母千万不能让孩子幼小的心灵过早地体验到忧愁、恐惧、冷漠等否定情绪，而应有意识地让孩子多点笑容，这样才有利于孩子形成乐观快乐的心境。

帮助孩子梳理自己的情绪

当男孩慢慢长大，进入会表达自己感受的幼儿期时，一件事不顺意就开始发脾气，哭闹、摔东西，面对这种无法沟通的“小大人”，有些父母威逼利诱、连哄带骗，有些父母搬出权威威逼孩子收敛，但都难以平复孩子的不良情绪。

很多父母很苦恼：为什么孩子总是有那么多负面的情绪，就不能做一个不哭不闹不发脾气的小孩吗？其实，孩子的负面情绪是不可避免的，是成长过程中非常重要的一部分。父母应当帮助孩子正确地认识情绪，并有技巧地帮助孩子梳理情绪，让孩子学会合理地表达情绪或减轻负面情绪。

晚上，6岁的许亮躺在床上睡不着，似乎有心事。妈妈看见儿子心事重重的样子，便放下了故事书，问许亮说：“儿子，有什么

事吗？”

许亮说：“我有一件事情很担心。”

妈妈说：“什么事情？”

儿子支支吾吾了半天。妈妈突然想起白天的时候儿子抱怨过找不到生字本的问题，便说：“是不是还在想生字本的事？”

许亮点了点头：“我怕被老师批评。”

妈妈说：“那就把家里备用的带上吧，这样需要写生字的时候，就不至于没法写了。”

许亮还是担心地说：“要是老师让我把前面的补上，我该怎么办？”

妈妈建议说：“应该不会，写过了就过去了。如果真要补写，也没什么，就当是复习。你也可以把你的真实情况告诉老师，老师会理解的。”

妈妈接着又帮许亮分析说：“我记得你上周跟我说过生字本的事，我们在家都找过了，没找到。你最近还在写吗？”

许亮说：“还在写。”

妈妈说：“那就对了，是不是被老师收上去了？”

许亮说：“有可能。”

妈妈说：“那明天去学校看一看就知道了。”

此时，儿子终于松了一口气，很快就入眠了。

有时，孩子会为一点小事而忧心，父母需要帮孩子梳理这种情绪。如果孩子的不良情绪得不到疏解，就会影响身心健康，如睡眠不好导致内分泌紊乱，胡思乱想引发神经衰弱、精神失常等。

另外，如果孩子经常处于不良情绪中，就容易任性，乱发脾气，无法处理好人际关系，甚至会被同龄人孤立，导致其产生孤独感和抑郁症等。不良情绪还会让孩子失去积极向上的精神，导致孩子注意力不集中，从而影响学习生活。因此，父母要用正确的方法去梳理孩子的情绪。

❶ 正确地看待孩子的情绪

所有的父母都希望男孩能快快乐乐地成长，对于孩子的情绪，父母会抱着“这是正面情绪”“那是负面情绪”的二分法。当孩子哭闹、生气时，有些父母直接定论为“负面情绪”，采取阻挡或消除的方式来处理。情绪如洪水，阻挡与压抑并不会让洪水退缩或消失，反而会蓄积更大能量而以另外一种形式出现。

因此，在处理孩子的情绪时，父母要以平常心对待，不要太恐惧“负面情绪”，也不用要求孩子保持“正面情绪”。不管是哪一种情绪，都是孩子成长与学习的机会。比如，害怕能让人在面对危险时提高警惕，生气能让人在面对不利情况时表达抗拒。

父母要用辩证的眼光看待情绪，把孩子的快乐、悲伤、生气视为正常，不能光凭着孩子的表面表达去判定正负情绪。

❷ **从孩子的立场出发，帮助孩子梳理自己的情绪**

孩子哭闹或发脾气时，父母要站在孩子的立场想想“为什么他会这么生气”，才能正确地分析孩子发脾气的原因，并帮助孩子找到疏通的方法。以疏通的方式来处理孩子的情绪，不但不会让孩子觉得自己是坏小孩，还能帮他认识自己的情绪，也有机会让他了解自己发脾气的原因，可以用什么方式来排解。

0~6岁的男孩并不清楚自己的情绪状态，很多时候可能说不出自己为什么会有这样的反应。此时，孩子需要大人的帮助，让其了解自己的感觉与情绪，更重要的是，父母要帮助孩子明白自己的反应是正常且被接纳的。

❸ **帮助孩子梳理情绪时，父母要避免卷入其中**

孩子生气时，父母要避免卷入孩子的情绪中。因为孩子不知该怎么办时，父母一旦跟着生气，只会让孩子更加困惑、害怕和生气，甚至觉得大人并不可靠。

孩子的情绪有很多形式，父母要让孩子认识到自己的情绪，也要让孩子意识到不良情绪的危害，父母要从孩子的立场出发，循循善诱，耐心指导。

第八章 不打不骂培养孩子的优秀品质

儿童时期是男孩个人品质形成的重要时期，父母应该重视男孩的品德教育，既要抓得早，也要抓得严，及时纠正男孩的不良思想和行为，培养男孩的优良品德和良好的性格品质，掌握是非、善恶的标准。

0 ~ 3 岁塑造好性格

人的性格不是一成不变的，但是性格一旦形成就会有着相对的稳定性。0～3岁是性格形成的关键时期，在3岁左右，男孩的性格已经表现出明显的个体差异。如有些男孩比较活泼开朗，有些男孩比较沉稳安静。如果没有外界环境影响，男孩的性格就会沿着初期的方向发展下去。因此，父母要注意从小塑造男孩的好性格。

有人说："行动养成习惯，习惯形成性格，性格决定命运。"父母对男孩所采取的早期养育方式，对男孩养成各种习惯以及性格的形成起着重要的导向和制约作用。然而，很多父母不以为意，习惯于将男孩的性格尤其是不良性格的形成归咎于孩子先天不足。如孩子小的时候，父母对男孩娇生惯养、过度保护，男孩年龄稍微大一点以后，就会表现出独立性不强，依赖他人，对别人的态度表现得比较敏感。如此，在与他人相处的过程中，男孩过于在意他人的

行为态度，就容易压抑。

性格发展的连续性决定了父母应从男孩一出生就对其进行教育。如很多父母把男孩和自己捆绑到了一起，目的是更好地照顾男孩，可未尝想到照顾出了一个性格柔弱的男孩。如果男孩习惯了对父母的依附性，他就比同龄人更晚获得自我意识和独立意识，这对男孩的性格和心理成长非常不利。因此，父母一定要把握时机塑造男孩的好性格。

❶ 让男孩温柔一点，及时浇灭男孩的火爆脾气

在男孩嗷嗷待哺时，如果父母对孩子不及时进行喂养，他就会通过哭闹来表示他的不满。时间越长会哭得越凶，可见孩子从小就是有脾气的，父母如果不加以引导，就会导致男孩今后火爆脾气的形成。

一天，嘉嘉在客厅里玩玩具摩托车，不停地在沙发上推来推去，奶奶看了心疼地阻止他说："嘉嘉，不要弄坏了沙发。"说了几次，嘉嘉还是无动于衷，奶奶就上前阻止。瞬间嘉嘉就生气了，对奶奶喊道："走开，谁让您管我？"

妈妈听到了嘉嘉的叫声，便问："怎么了，怎么能这样对奶奶说话呀？"

嘉嘉正好有气没处撒，对着妈妈吼了起来："怎么了，怎么

了？烦死了！”

看着无端生气的儿子，妈妈也很生气。如果任由孩子的暴躁脾气发展下去是不行的，因为没有谁愿意和一个随意发脾气的人交往。因此，父母要教会男孩温柔一点，及时浇灭男孩的火爆脾气，让男孩以平和的态度对待生活中的每一件事。

❷ 纠正男孩的任性妄为

如今，父母大多过于宠爱男孩。男孩要什么，父母就会第一时间满足他，可谓百依百顺。有些父母觉得这样可以增进亲子关系，其实这很容易造成男孩的任性妄为，如有一日父母无法满足男孩的要求，有些男孩并不会体谅父母，而是任性地哭闹，甚至做出出格的行为来逼父母。对此，父母要及时加以注意，不要向男孩妥协，而要及时纠正男孩的任性妄为。

❸ 攀比心理会促使男孩变得好勇斗狠

在大人的世界里，攀比是一种很常见的现象，有些父母想通过拿别人家的孩子对比来激励自家的孩子，然而，这样做往往只比出了孩子眼里的敌意和争斗，别人家的孩子成了孩子心中最大的敌人。

王翔舞蹈天赋好，学习能力非常强，老师教的舞蹈动作，他都能很快掌握。

王翔从学校回来，给爸爸妈妈演练在学校里学到的舞蹈动作，刚好叔叔也在旁边，看了王翔的表演之后，劈头就是一句："哈，你就会这么点舞蹈动作？隔壁家的小武比你跳得好多了。"

本来王翔想表现给爸爸妈妈看，没想到被叔叔这样评价，顿时就没了兴致，心里开始记恨小武。后来，王翔每次见到小武，都给小武一个充满敌意的眼神，好像小武得罪了他。

男孩对周边人的敌意，大都是因为攀比心理在作祟。当看到别人比自己强时，心里自然不是滋味，就会产生嫉妒心和敌意。父母在养育男孩时，要避免攀比的行为，应该接受并尊重男孩的挫败感。人无完人，别用攀比来扭曲男孩因取得进步而带来的幸福感。

从小培养孩子尽早独立的能力

男孩的自立能力对今后的成长有着至关重要的作用。从小培养男孩的自立能力，能够让男孩在今后的成长过程中摆脱依赖心理，形成自己的意向，做出自己的决定，在做事情时充满信心，不至于陷入无助的境地。

在瑞典，男孩出生后，父母就开始锻炼他的独立能力。他们基本没有机会在父母的怀抱中撒娇、哭闹，而是被安排在自己的小床和活动空间中独立生存。在孩子没有学会走路之前，他们使用小推车，会走路后基本都是自己行走，父母不会怀抱着五六岁的儿童行走。

在德国，男孩到了学走路的阶段，基本是独自在摇摇晃晃中艰难前进，即使跌倒了也要自己爬起来，一次次跌倒，一次次爬起，从而养成了男孩坚强的性格。那种一跌倒就赖在地上坚决不起来、大哭不止等待大人来扶的情况是不存在的。

在美国，男孩在1岁左右就开始自己学吃饭，父母把男孩放到儿童座椅上，把食物放到他的面前，随他自己用小刀叉吃饭。如果他不懂得使用，会给他一点指引，但不会出现父母守着男孩一口一口地喂饭的情况。即便男孩吃得到处都是食物，脸上、衣服上沾满了奶油，父母也不急不恼，慢慢地等待他的成长，尽早地养成孩子自理、自立的能力。

相比之下，在中国的家庭中，经常会上演这一幕：吃饭时，四五岁乃至更大的男孩双手从来不碰餐具，父母或老人端着饭碗在旁边等着，看着男孩吃完一口再喂一口。父母过度的保护和溺爱，导致很多男孩到了十几岁还难以独立生活，生活自理能力极差。作为父母，应该清楚地认识到自己不可能一辈子为男孩服务，真正的爱不是包办，而是培养男孩的自理能力。

男孩靠在父母的怀里是永远长不大的，父母的呵护磨灭了他的生活自理能力，如果有一天父母不能再为他遮风挡雨，他就很难找到自己的位置，也将会被时代淘汰。就像一只家养已久的小鸟，会忘记基本的寻食技能，即使有一天主人给了它翱翔天空的自由，最后的结果也是回到笼前等待再次被喂养或者被饿死。

从小培养男孩的劳动意识，不仅可以锻炼男孩的生活自理能力，同时也有助于开启男孩的智力和动手能力，让男孩的人格更加完善。

李强是独生子，妈妈是勤劳的家庭主妇。因为妈妈太勤快了，从而剥夺了李强动手的机会。吃饭时妈妈会先给他喂，他吃饱了，妈妈再吃；衣服也是妈妈帮他穿，即使他想自己扣纽扣，也会被妈妈拒绝。总之，李强过着“衣来伸手，饭来张口”的生活。

过年大扫除，看到妈妈忙得团团转，又是擦窗户又是擦桌子，还要整理衣柜、拖地等。李强收拾起袜子准备去洗，妈妈见了心疼地说：“不用你洗，到一边玩去吧。”李强看到扫了一半的地，扫把放在一边，他想过去帮妈妈扫地，妈妈也立马过来抢过扫把说：“不用你扫，到屋里看电视去吧。”李强在屋里屋外转了一圈也没有帮上忙，妈妈什么活也不让他干，就这样他的每一次想帮助大人做事的愿望都被制止了。后来，渐渐地，李强把这当成了一种习惯，即使需要帮忙的时候，也懒得去做了。

有时李强在玩汽车，妈妈到他旁边扫地，他也不愿意起身走开，还需要妈妈把他抱到沙发上；爸爸叫他帮忙拿东西，即使是举手之劳，他也懒得拿。其实，李强并不是天生就是个懒孩子，而是因为妈妈从小没有给他劳动的机会，更不用说对他的劳动能力进行培养了，把一切他能做的事情都给代劳了。妈妈有时懒一点，给孩子一点劳动机会，也许会更好。

小时候，男孩有很强的动手愿望，他也乐意积极参与所有的家

务活。可是，父母直接扼杀了男孩的积极性。有些父母是为了省去越帮越忙的麻烦，有些父母是舍不得男孩累着。不管如何，请父母给男孩一些动手的机会，别把他当成笼子里的鸟一样养着，等他飞不远了才怨他不争气。

每位父母都希望自己的男孩能成为矫健的雄鹰，但是想要让雏鹰变成雄鹰，就必须让它学会自己飞，让它具备独立生活的能力。因此，父母要想让男孩自立地生活，从小就要注重对男孩独立性的培养，告诉他一些相应的技能和知识，不仅让他乐意去做事，还要让他自己独立把事做好。父母要教男孩去独立处理自己的学习和生活中的事情，自己去和伙伴交往，当男孩与伙伴产生矛盾时，指导他，让他自己解决问题。

总之，男孩不应该在父母的影子下成长，跟在父母后面做父母的“尾巴”，而应该独立去面对事情、解决事情。

诚实是为人处世的根本

诚实守信是男孩的立身之本。在生活中，有的男孩比较顽皮，也容易犯错误，有时为了避免被惩罚、被批评，就会编出一套套的谎言来骗父母，骗老师。因此，父母要从小教育男孩做人要诚实守信，这样进入社会之后，才会赢得更多人的敬仰和尊重。父母可以通过以下方法来培养孩子的诚实守信品质：

❶ 诚实守信教育要趁早

从男孩两三岁开始，父母就要教育男孩答应别人的事一定要兑现，也要以身作则。如果答应了的事情经过再三努力仍不能做到，就应该诚恳地表示歉意并说明原因。而且，在答应别人之前，要慎重考虑，不要轻易许诺。

“人无信不立”，为了培养男孩的诚实守信，在日常生活中，父母要做好模范带头作用，同时可以借助实例、故事的形式教育男孩诚实的重要性，让男孩明白诚实守信对一个人的重要性。

❷ 满足男孩的合理需求

很多男孩喜欢撒谎，大部分是出于某种精神需求或物质需求，有时为了实现自己的愿望，他就会想各种办法。如果父母对男孩的合理的需求表示反对，男孩就会通过撒谎的方式来满足自己的需求。

6岁的小应非常喜欢画画，可爸爸妈妈觉得画画是一件既费时间又费钱的事情，不如多花时间来学习，花钱来买学习资料。为了做爸爸妈妈的好孩子，小应只好偷偷地画画。

一次，学校举行油画比赛，小应非常想参加。回家跟妈妈说后，妈妈直接打断了小应的话，说："画什么油画，你还是把精力放在学习上吧，不要想这些奇怪的东西。"然而，这并没有打消小应想要画画的念头。

为了得到画画用的颜料、画笔和画纸，第二天，小应从学校回来，对妈妈说："妈妈，老师说要交资料费。"妈妈为了不耽误小应的学习，就给了钱让小应带去学校。终于，男孩以说谎的办法达到了目的。而后，为了能偷偷地完成画作，小应又以"作业多"或"老师拖堂"等借口在学校画画。

其实，对男孩提出的合理要求，父母应尽量满足，就像小应一样，本来学画画是一件很好的事情，却遭到父母的拒绝，这样他就只能通过撒谎或背着父母来完成。往后，他要是想做什么坏事，也会通过同样的方式去完成，这对男孩的成长非常不利。

❸ 父母要及时纠正男孩的不诚实行为

如果男孩说了谎，很多父母第一反应就是生气，训斥男孩："这么小的年纪就开始说谎，长大了还得了！"父母为男孩的不诚实而担心是正常的，但仅仅如此是不够的，应该找出男孩说谎的原因，并帮助他改正。如果父母对男孩说谎的行为不及时纠正，男孩长大成人之后，就可能做出害人又害己的事情，甚至通过说谎来骗取钱财等，后果不堪设想。

一天，幼儿园的老师打电话向阿贵爸爸反映说，阿贵近段时间的家庭作业没有完成，每次问起都说家里停电了或者和爸爸妈妈去亲戚家做客来不及做作业。

爸爸回想起来，才发现原来是阿贵近段时间迷上了一部动画片，每天一放学就守着电视，当爸爸妈妈问他是否有作业要完成时，他都说老师并没有布置作业。爸爸意识到阿贵不诚实的行为，必须及时纠正才行。

第二天晚饭过后，阿贵又说"没有作业"，就守着电视津津有味地看起了动画片，爸爸坐到阿贵的旁边，对他说："宝贝，老师真的没有布置作业吗？”

“是啊。”阿贵看到爸爸那么严肃的表情，变得有点心虚。

“我看隔壁的小胖和你是同班，他妈妈说他每天写作业都写到很晚呢。”爸爸接着说，“宝贝，我知道你喜欢看动画片，可是不能因为你喜欢一样东西就做不诚实的孩子，不诚实的孩子不是好孩子。”

“可是我想看电视，如果写作业，你就不允许我看电视了。”阿贵委屈地说。

“那我们做作业的时候就专心一点，抓紧时间做完作业，做完作业后再看，好不好？”

听到爸爸的许诺，阿贵开心地说：“好。”于是他拿出作业本，专心地完成作业。有什么事情也愿意和爸爸分享，而不再以欺骗的形式来达到自己的目的。

诚实守信是男孩将来的立身之本，父母应该加强对男孩诚实守信品质的教育，从小就要教育男孩诚实守信、负责任。一个言而无信的人，是没有人愿意和他合作的，也难以在社会上立足。

教孩子以谦逊为美德

生活中我们会遇到这样的人：你和他聊天时，他只对自己的事情感兴趣，会喋喋不休地夸耀自己做的项目有多么了不起，又取得了什么样的荣誉。他可以不断地打断你的话，不管你是否听得懂他的话或者是否对他的项目感兴趣，他都无休止地沉浸在他自己的话题中。

这种行为是不懂谦逊的人的做法，也是很不礼貌的一种行为，很容易引起他人的反感，也是自我意识过于膨胀的表现。2～6岁是孩子自我意识形成期，也是培养男孩谦逊美德的重要时机。父母要把握好这个时机，引导男孩在与他人交往过程中形成并完善自我意识，学会聆听他人，而不是一味地把自己的观点灌输给别人。

谦逊的对立面是骄傲，骄傲是一种不良的心理状态。骄傲的人往往会夸大自己的优点，看不到自己的缺点，也听不进别人善意的批评，总是处于盲目的优越感之中，逐渐就会放松对自己的要求。莎士比亚说："一个骄傲的人，结果总是在骄傲里毁灭了自己。"的确，骄傲只能使人落后，谦虚才是男孩成长与做人不可缺少的品德之一。

因为谦逊，所以男孩才会感恩、欣赏和满足。教会男孩学会谦逊，有助于男孩建立良好的人际关系，让他懂得倾听，树立好人缘。因此，父母要及时引导男孩正确地认识自己，懂得谦虚，这有助于男孩脚踏实地的进步。父母可以从以下几个方面做起：

❶ 耐心教导，让男孩更准确地评价自己

很多男孩骄傲自满，往往是因为过高地估计了自己，认为自己比其他人都强，只看到了自己的长处，却忽略了自己的缺点，也往往拿自己的长处去与他人的短处做对比。

小任的爸爸是音乐老师，受爸爸的影响和指导，小任5岁就学会了吹笛子。

一次，家庭聚会中，他给大家表演吹笛子，得到了亲戚的连连称赞，他开始变得自傲起来。当表姐给大家表演弹钢琴时，他觉得表姐弹得没有他的好，也没有耐心去欣赏，就在一旁故意弄出声响来捣乱。

聚会结束之后，爸爸把小任叫到了书房，说："儿子，你觉得表姐的钢琴弹得怎么样？”

“没有我笛子吹得好。”小任不谦虚地回答。

“那你觉得表姐的舞蹈跳得怎么样？”爸爸又接着问。

“很好。”小任如实回答说。

“你吹笛子时，表姐在旁边捣乱了吗？”

“没有。”小任说着低下了头。

“儿子，我们要学会谦逊做人，每个人都有自己的长处，也要学会去欣赏别人的长处，不要因为自己有一技之长就骄傲自满……”爸爸意味深长地说。

男孩受到过多的表扬就会变得狂妄自大，这是很正常的，因为他的自我评价能力较差，大部分是从他人的口中来认知自我，看到他人肯定自己，就会觉得自己非常了不起。父母应当耐心地教导男孩，让他学会正确地评价自己，不高估自己，也不看低自己，既认识到自己的优点，又看到自己的不足，并引导男孩正确地对待他人的称赞和批评。

❷ 以精神鼓励为主，物质奖励为辅

在男孩得到进步时，很多父母都会给男孩物质奖励，但请注意，千万不要给男孩过多的物质奖励，过分的物质奖励只会适得其反，让男孩产生攀比心理。父母要多观察男孩的心态和行为表现，

如发现他有攀比的苗头，要及时教育，消除他骄傲自大的心态。

一般情况下，男孩得到父母的口头表扬，心理就得到了满足。过多的物质奖励，容易让男孩沾沾自喜、高傲自大、忘乎所以，甚至变得不思进取。有些父母为了鼓励男孩学习，就向男孩许诺说："如果你这一次考到全班级第一，我就奖励你××（实物）。"其实，这样的鼓励对于孩子并没有多大的作用，反而会让男孩形成一种错误的思想：我是为了××才去学习，我不想要得到××，我就不需要那么努力学习。

❸ 以身作则，父母要为男孩树立榜样

日常生活中，父母要做到谦逊，不要过分地强调自身的优越感，如看不起比自己穷的亲戚，与身边的亲朋好友攀比，等等，总表现出一副扬扬得意、目中无人的姿态，经常流露出对他人的不屑。这种情绪会传染给孩子的。

拥有谦虚的品德，对男孩各项能力的发展都具有正面的帮助。在生活中，父母应当有意识地培养男孩谦逊的品格，这样男孩才能以端正的态度去学习，以友善的态度与人交往。帮助男孩养成谦逊的品质，将让他受益终生。

责任感决定孩子能承担什么

男孩的责任心不是天生的，也不会随着年龄的增长自然成长，而是需要培养才能形成的。由于年幼缺乏知识和经验，男孩经常会犯一些错误，父母应该借助这些机会培养男孩的责任。比如，男孩不小心打碎了物品，父母不要一味地责怪男孩，最主要的是教导男孩学会承担责任，进行道歉和赔偿，给男孩履行责任的机会。如此，才能培养孩子的责任心。

可是，很多父母并不懂得利用这样的机会来培养男孩的责任心，而是自己替孩子进行道歉、赔偿，大包大揽，剥夺了孩子承担责任的机会。那么，父母怎样培养男孩的责任心呢？可以从以下几个方面入手：

❶ 从培养男孩的家庭责任心入手

男孩作为家庭中的一名成员，既可享受其权利，又要承担一定

的家庭责任。父母可以通过各种方式督促男孩履行职责，培养他的责任心。如果一个孩子在家庭中的责任心难以确立，将来一旦走向社会，也很难有社会责任心。

培养孩子家庭责任感的根源在于父母是否具有家庭责任感，还在于父母是否给孩子锻炼的机会。因此，在家庭生活中，父母必须赋予孩子一定的责任，如搞卫生时让男孩负责扫地，家庭聚会时让男孩负责布置碗筷，等等，对男孩有针对性地进行教育，让他们学会对自己负责，对自己的所作所为负责，慢慢培养他的责任心。

❷ 让男孩学会自我服务

当下，很多父母只注重灌输给孩子“学习”的责任，从不要求孩子理会家里的大事小事。尤其是生活中父母对孩子无微不至的照顾，是非常不利于男孩责任心的培养的。

培养男孩的责任心，父母一定要让孩子去做他力所能及的事情，让男孩学会自我服务，主动承担责任。男孩只有学会自我服务，才能学会服务他人，承担社会责任。

❸ 给孩子承担责任的机会

3岁左右男孩的自我意识较强，不懂得顾及他人的感受，因为他根本就不清楚自己的行为会对他人带来不好的影响。因此，在培养男孩责任感的过程中，父母可以给男孩承担责任的机会，让他受到惩罚，从而让他明白什么是责任。

陈先生很会教育孩子，一次他的儿子忘记带作业本，打电话回来让爸爸给他送过去。陈先生虽然心疼儿子，但他决定要让儿子承担自己应负的责任，就跟儿子说："没带作业本是你自己犯的错，自己要承担后果。"儿子下午回来时垂头丧气，陈先生知道老师批评他了。这时陈先生对儿子说："挨了批评谁都会不高兴，但这对你今后有好处。爸爸教你一个方法，保证你以后再也不会因为忘记带作业本而被老师处罚了。"

儿子的表情立刻转阴为晴："爸爸，快告诉我，是什么办法？"

于是陈先生就跟儿子说："你每天睡觉前对着记事本把明天要用的课本放进书包，然后在记事本上打钩；把作业本放到书包里，然后在记事本上把要完成的作业和写好的作业本打钩。看着你记事本上要做的事情统统都打钩了，说明你要做的都完成了，这样就不会发生忘记带东西的事情了。"

儿子自从采纳了爸爸的建议后，就再也没有出现过忘记带作业本的情况了。

这个案例告诉我们，应让孩子从小意识到自己的行为后果要由自己负责，同样，作为父母也要给予孩子承担责任的机会。

❹ 给孩子独立做事的机会

父母给男孩机会独立去完成某一件事是培养男孩责任心的一

种非常好的办法之一。男孩在完成这一件事的过程中，他会学会客观地认识事物，认识自己的需要和能力，并逐渐意识到什么事情是他们能把握的，什么事情是他们左右不了的。在完成某一件事的过程中，他能增强自身的能力，体验到自身的价值，承担起自己的责任，尽力把事情做好。

培养孩子积极乐观的心态

一个心态消极的人，在生活中会散发出负能量，这样的人很难取得成功；而心态积极的人，全身上下都散发着正能量，走入社会后能很好地处理来自工作和家庭中的各种压力，乐观和理智地面对各种困难。

培养男孩积极的心态，可以让他们从容面对困境，而不至于遇到一点小小的挫折或不幸就万念俱灰，不思进取，继而沉沦下去。当然，男孩乐观心态的形成，需要父母的培养和精神上的支持。

生活中，一些父母总是以消极的心态去对待男孩，不断地指责或者抱怨男孩的种种不好，看到的是男孩的不足、缺点和错误，而较少去欣赏男孩的优点和成绩。这非常不利于培养男孩积极乐观的心态。

比尔·盖茨说过："人生是不公平的，习惯去接受它吧。请记

住，永远都不要抱怨！”也许生活中存在着这样那样的不公，但父母应该引导孩子以积极的心态去面对，这样才能培养出积极乐观的男孩。

如果男孩遇到了挫折，父母要想办法和男孩一起面对，一起克服，让男孩看到生活中积极的一面，以乐观积极的心态面对生活中的种种。可以通过以下方法培养孩子积极乐观的心态：

❶ 给男孩一片没有抱怨的天空

生活并不是一帆风顺的，生活在抱怨中的男孩，一遇到事就抱怨，抱怨也是一种推脱责任的表现。如在学校里遇到困难，他可能会抱怨小朋友不够友善，或抱怨老师过于偏心。总之，他们会在问题面前发出各种抱怨，而不知感恩，不去改变，不从自身找原因，只把责任推脱给他人。

其实，男孩喜欢抱怨与父母的教育有着非常大的关系。父母应该给男孩一片没有抱怨的天空，教男孩学会承担，他才能健康快乐地成长，才能在没有抱怨的蓝天下收获幸福人生。

一天，爸爸在整理房间，5岁的儿子在旁边玩耍。儿子时不时地跑进来，不小心撞倒了刚收拾好的一摞书，在刚擦过的桌子上留下一个小手印。爸爸生气地斥责儿子：“你看你，我好不容易收拾好，你又来捣乱，浪费我的时间。快出去！”

儿子听了，伤心地走了出去。不一会儿，他又拿着一块抹布回来，委屈地说："爸爸，我帮你搞卫生，但是，你能不能不要像刚才那样大发脾气呢？"

儿子的话震动了爸爸的内心。他意识到自己用了消极的方式对待孩子，给孩子带来了伤害。

作者威尔·鲍温说过："优秀的人都不抱怨。"很多时候，父母抱怨孩子给自己带来麻烦，这深深地影响了男孩。因此，想让你的男孩不抱怨，你首先要做一个不抱怨的父母。

❷ 让男孩远离忧郁，做个快乐的孩子

生活是由千千万万个小事情构成的，有喜有忧也有愁，每个人不可能一辈子都称心如意，也不可能永远没有盼头。孩子也是如此。在父母的陪伴下，男孩大多数时间都能快乐、乐观地生活，但有时也会遇到让他郁闷、消极的事情，让他们拒绝与人交往。此时，父母要及时地发现男孩的消极情绪，引导他发泄出忧郁情绪，才能继续积极乐观地生活。

6岁的小海最近变了，从一个开朗活泼的人变得越来越消沉，看起来心事重重的样子，有时还会唉声叹气。爸爸妈妈问他发生了什么，他也不愿意说，甚至会大喊大叫。在学校里，他也不理会好

朋友，拒绝与好朋友同行，整天一个人坐在座位上发呆。

如果男孩变得像上面例子中的男孩一样，父母一定要想方设法地引导男孩说出他的忧郁，教会他适当地宣泄自己的不良情绪，使心情恢复平静。当然，在宣泄情绪时，一定要注意时间和场合，切不可伤害他人和自己。

另外，由于有些男孩家庭条件优越，自我感觉与众不同，到了学校也不愿主动与小朋友玩耍。此时，父母要引导孩子正确地认识自我，告诉他所有的物质生活都是父母给的，与其他小朋友相比，他并没有什么优越之处。要引导男孩形成正确的价值观和人生观，不要以物质来评判自己和他人。

❸ 要让男孩永远充满希望，不要绝望

希望是一个人能得以成功的动力源泉，也是保持积极乐观心态的重要支柱。如果男孩看不到希望，他就很容易放弃努力，从而难以取得成功。

在孩子的世界里，他对任何事情都有一个期待值。如果男孩没有什么期望，他就不会有动力去学习和接触新鲜事物。期望对男孩来说非常重要。可是，很多父母把这个期望用错了，把本来有着积极意义的期望变成了消极的威胁，如用激将法刺激男孩：“你还想买玩具？就你现在这样不听话，根本没戏！”

男孩的思维比较直接，当父母对他做出消极评价时，他会误以为真，对自己现状的认识变得悲观，丧失追求希望的热情与兴趣，进而表现得更加平庸。其实，不管男孩表现得如何，父母都应当让男孩保持积极乐观的心态，永远让男孩感到自己是有希望的。男孩拥有希望，才会有成功的机会！

第九章 教育孩子远离坏习惯

很多男孩子个性直爽、大大咧咧，所以难免有一些不好的生活习惯，如做事拖拉、不讲究卫生、做事有始无终等。这些不良的生活习惯会为男孩减分，而良好的生活习惯则是男孩展现自己良好形象的名片。父母要为自己的孩子增加正能量，就应该纠正他们的坏习惯，培养他们养成良好的生活习惯。

警惕孩子产生“小皇帝”式的优越感

如今，年轻一代的父母对孩子都比较宠爱，甚至有些父母还保留着“重男轻女”的思想，全家人围绕着男孩转。如此，男孩在家里的地位就像一个高高在上的“小皇帝”。而家人就像辅佐“小皇帝”的“大臣”，事事以他为中心，让他养成了唯我独尊的坏习惯，不懂得为他人着想，也不懂得关心、爱护别人。

5岁的小林是独生子，从小全家人就对他宠爱有加。有一次，奶奶过生日，全家人一起吃饭，当饭菜端上来放好后，小林突然生气了，又踢桌子又踢凳子的。爷爷过去哄他，他还踢了爷爷。妈妈过去问他怎么回事，他又踢起了妈妈……一家人纷纷围过来哄他，可是他并不消停，问他怎么了，他只是又哭又闹，却不说原因。

妈妈一直耐心地安抚他，问他："宝贝，你怎么了？有什么不开心就告诉妈妈。"后来，小林终于说出了原因："我要切蛋糕，我要放到我面前，不要摆在奶奶那里。"

妈妈说："可是，今天是奶奶的生日啊……"还没说完，小林哭得更大声了。奶奶急忙笑呵呵地把蛋糕放到孙子面前，说："不哭啊，蛋糕给宝贝切，小林帮奶奶切，不哭了啊。"小林这才停止了哭闹，高兴地拿起刀切蛋糕，切好大一块就独自吃了起来。

小林从小就是全家人最疼爱的"小皇帝"，平时事事以自我为中心，非常任性和自私。即使在给奶奶过生日，他还非要求自己切蛋糕，他觉得什么都应该是自己的，他想怎么样就怎么样，别人都要听他的。一有不顺，就用哭闹来博取别人的顺从。长期以来，他形成了一种思想：自己能对任何人进行惩罚或发号施令，家里人都必须听他的命令，要不他就哭闹。

当然，每个父母都疼爱自己的孩子，这并没有什么错。可是，爱的正确方式并不是一味地顺从，一味地娇惯，一味地溺爱。孩子是家里的宝贝，但到了社会上，他就只是一个平常而又普通的小孩。如果父母不能给他正确的教育，那么他在家庭环境中形成的坏习惯和不良性格最终会害了他，走到社会上，没人再一味地给他退让，吃亏的还是他自己。

父母作为孩子的第一任老师，一定要给孩子一个良好的启蒙，让孩子在家庭环境中健康快乐地成长，养成良好的性格，而不是成为家里的“小皇帝”。美国教育学家威廉·詹姆斯说过：“孩子生下来就是一张白纸，而在这张纸上绘画出什么样的图画，完全取决于父母，父母是孩子的工程师。”在孩子的成长过程中，父母的作用太重要了。那么，父母该怎样对待孩子呢？

❶ 父母不能娇惯男孩

对于家务活，有时男孩想主动参与，父母也不会让他做，第一担心他做不好，第二担心他累着。于是，男孩长大以后，一回到家就等着吃饭，即使看到妈妈在厨房里忙得不可开交，他也不会去帮忙。等男孩长大了，连自己的生活都难以自理。

滔滔是家中的独生子，但爸妈从不对他过多娇惯，而是让他做一些力所能及的家务劳动。

一次，爸爸在院子的菜园里拔草，看到滔滔在院子里玩，便叫住滔滔说：“宝贝，你能过来帮爸爸拔草吗？”

滔滔走到菜园旁边，看着爸爸说：“可是我拔不动呀。”

爸爸笑着说：“能拔得动的，小宝贝，你现在已经是一个男子汉啦。”

听到爸爸的称赞，小滔高兴地说：“好，那就一起拔草吧。”

说完他也蹲到菜园里拔起了草。他的力气小，一会儿就累得满头大汗，手也被勒红了。他就举着手给爸爸看："爸爸，我的手被草勒疼了。"

爸爸说："没事儿，等你干活干多了，你的手自然会生出一层'保护膜'了，那时你就不怕拔草了。"

滔滔疑惑地说："真的吗？"爸爸肯定地回答说："真的，你看爸爸的手上就有。"

滔滔摸着爸爸手上的"保护膜"，对爸爸说："我也要有'保护膜'。"

爸爸说："那就加油干活吧。"说完，两人又卖力地干了起来。

在滔滔的家庭里，父母并不会因为他是唯一的男孩而娇惯他，而是让他做力所能及的事情。即使他受了一点伤，爸爸也并不会心疼地让他停下来，而是鼓励他，让他继续劳动。如此，男孩在劳动中才能更加勤快，才能茁壮成长，成为一个顶天立地的男子汉。

❷ 让男孩学会分享

6岁前的孩子自我意识的比较强，他们总希望家里所有的玩具、好吃的都是自己的。平时和小伙伴们玩耍时，即使他不玩的玩具，他也不乐意让别的小朋友玩，对于吃的东西更是不愿意分给别人。

过年期间，姑妈带着小表弟到文文家住几天，5岁的文文基本每天都要和小表弟抢东西，包括玩具、汽车、零食，表弟抢不过的时候就哭闹。妈妈看了，就马上从文文的手里抢过他们正在争执的东西给小表弟。文文特别生气，但只能说："妈妈，我讨厌你。"可是，妈妈不理会文文，只觉得哄好小表弟不哭闹就好。

后来，有一天，爸爸看到了这种情形，便耐心地对文文说："儿子，你是不是已经成为小男子汉了？"文文点头肯定地说："是的！"爸爸又接着说："那男子汉是不是应该做一个会照顾弟弟的好哥哥，跟弟弟分享玩具和零食呢？"文文想了一会儿，说："嗯，我要做个好哥哥。"说着就领着小表弟去玩了，再也不跟小表弟抢东西了。

父母教育孩子的时候，一定要讲究方法，妈妈的鲁莽行为不但不能教育孩子，还有偏袒的意思，容易引起孩子的反感。但是爸爸不一样，给儿子讲道理，让孩子从心里面认可与人分享的道理，他在分享的过程中是快乐的，因此他也乐于主动与人分享。

❸ 让孩子学会自己的事情自己做

很多父母直接安排好了孩子生活中的一切，就连穿衣吃饭都是父母代劳，他们从不需要自己做任何事情，这对孩子来说并不是一件好事。男孩长大以后可是家里的顶梁柱，他们更需要去独立和做一些自己力所能及的事情。如果父母都替他们做好了，很容易让他们养成懒惰的习惯，也不乐于去学习，到时可能连自己的生活都保障不了，又如何去照顾家人呢？

因此，男孩应该从小养成自己的事情自己做的好习惯，这样的男孩长大以后才会更有担当，才能成为一家人的依靠。

不容置疑，很多父母都愿意为孩子付出一切，也可以容忍他们所有的坏脾气，甚至是打骂，可是这种爱并不是正确的爱，对孩子的成长极其不利，只会导致他们专断、自私自利、不尊重任何人。所以，父母要想让孩子养成良好的习惯和性格，千万别把他当“小皇帝”般养着。

帮助孩子改掉丢三落四的毛病

3岁之前，男孩的起居基本都是父母在照顾，因此，父母并不会特别关注孩子丢三落四的坏毛病。可是，一旦入园之后，孩子糊里糊涂、丢三落四的行为就会显现出来。有些父母就开始担忧，希望通过反复提醒来加强孩子的记性，但好像起不到什么作用。

其实，孩子之所以会出现丢三落四的毛病，有极少数是注意力障碍，一定程度上有个性原因，但更多的是因为孩子本身的行为习惯和责任心。

那么，父母该如何帮助男孩改正丢三落四的毛病呢？

❶ 切忌过度叮嘱

有些父母很懊恼自家的男孩有丢三落四的坏习惯，整天不是忘了这个就是遗失了那个，费尽口舌的叮嘱，孩子都只是左耳入，右耳出，根本起不到任何作用。甚至有些男孩好像故意在与父母作对，千叮万嘱他一定要做什么，到必要时刻他就完全把这事忘了。

3岁的小鸣是一个迷糊虫，第一天上幼儿园只穿回了一只鞋，第二天上幼儿园就把书包丢了……每天妈妈送他去幼儿园的路上，不停地叮嘱他说：“要记得……要记得……”可是，每次放学回来，小鸣依旧忘带东西，妈妈的叮嘱好像是耳边风。妈妈感到很烦恼，开始怀疑是不是小鸣的智力有问题，便去求助儿童专家。

专家了解后，安慰妈妈说：“丢三落四对一个三岁的孩子来说是很正常的，你也不用过度地叮嘱他。这样吧，一天你就叮嘱他一次或者不要叮嘱他，看看他的表现。”

次日，妈妈送他去幼儿园时，不再不停地唠叨“要记得”几大事项。而后几天，小鸣虽然还会丢三落四，但比先前有所改进。

很多事情对小孩子来说都是比较新鲜的，他的注意力也很容易被新鲜事物吸引或分散，因此也很容易忘记父母的交代或随身携带物。有时他们可能会记得父母交代的话，如放学后要背书包再回家，可是看到其他小朋友在玩游戏时，他们也想加入其中，背着书包又玩得不尽兴，因此就把书包抛到了脑后。

很多时候，父母过多地叮嘱孩子，会让他无所适从，只会起适得其反的作用。适度的叮嘱还是有提醒作用的，但切忌过度，过度了孩子反而会不当一回事。

❷ **通过日常生活，建立一些秩序，让孩子习以为常**

男孩每天都要接触广泛的新信息，一时间难以消耗这些信息，因此有时就显得有点迷迷糊糊的。如下雨天打伞出门，天晴了伞就不知扔到哪里了；戴着一双手套出门，回来就只剩下了一只手套；水彩笔只用过一次，就不见了一两支……这些丢三落四的行为从小方面来说，无关痛痒，但这也是一个人的素质体现。

父母要想改变男孩丢三落四的坏习惯，不妨在日常生活中建立一些秩序，让孩子对某种生活秩序习以为常。比如，在家庭中设置物品固定存放处，让孩子的书包、水壶、雨伞、外套等物品用完时各就各位。或者建立备忘录，针对孩子经常会遗忘的事情，借助图片或简单字句形式写上2～3条，贴在墙上，以此提醒孩子检查。这样就不会轻易遗落了。

5岁的李华常常丢三落四，经常把老师布置的作业抛到脑后，爸爸妈妈感到很烦恼。为了让他长记性，妈妈决定从建立他的秩序感开始做起，每天让他做一件固定的事，比如起床后就下楼拿牛奶。

刚开始，他有时会忘记，妈妈就会提醒他，等他兴冲冲地回来，妈妈马上表扬他有责任心。一段时间之后，他就习惯了这项任务，也不会轻易地忘记这件事情。

慢慢地，妈妈又把另外的事交给他做，如倒垃圾、吃饭时为大家放好碗筷等，他基本上不会忘记。

在日常生活中建立一些秩序，让孩子习惯了这些生活步骤，慢慢地孩子就学会了独立，也就改掉了丢三落四的坏毛病。

❸ 让孩子承担丢三落四的后果

孩子因丢三落四造成的后果，父母不必立即就给他援助。因为急着弥补孩子丢三落四的习惯带来的后果，对纠正孩子丢三落四的习惯起不到任何作用。不如让孩子自已承担丢三落四的“恶果”，他们才能明白丢三落四这个习惯的不良影响，进而改正恶习。

总之，在孩子的成长阶段中，出现丢三落四的问题是很正常的，父母不必过于紧张，应遵循孩子的成长规律，以适当的方式去纠正。用不了多久，你就会惊喜地发现，孩子变得自信而有责任感，也不再丢三落四了。

告别做事拖拉，增强孩子的时间观念

培养孩子珍惜时间的良好习惯，对于孩子的成长是非常重要的。然而，在现代社会中，很多男孩做事却懒散、拖拉，缺乏连贯性与毅力，没有时间观念。

在生活中，我们经常会看到这种状况：孩子写作业拖拖拉拉，吃个饭能吃一个小时。父母在一边急得团团转，孩子反而“从容淡定”。孩子没有时间观念，做事情没有紧迫性，一旦形成习惯，必然会影响以后的学习和工作。

6岁的许建刚上一年级，放学时老师布置了一些作业，这对一直喜欢拖拖拉拉的许建来说是一种非常煎熬的事情。同年级的孩子最晚8点就能完成作业，可许建要很晚才能完成当天的作业。

通过一段时间的观察，妈妈发现许建的拖拉是因为他根本就无法专心写作业，一会儿摆弄一下汽车模型，一会儿跑去看看电视，一会儿又吃点零食。

眼看就要期末考试了，为了给儿子一个深刻的教训，妈妈并没有告诉他该怎样做。果然，在考试前妈妈没有给他恶补的情况下，许建的成绩非常糟。他终于支撑不住了，向妈妈诉说委屈。妈妈告诉他这都是因为他缺乏时间观念带来的后果，以后一定要有明确的作息制度和计划表。

在妈妈的监督下，许建的时间观念慢慢加强了。

时间观念强的男孩做事都很有计划，和同龄人相比也更稳重，不容易被外界的事物分心。因而他们学习时精力比较集中，接受力也相对较强，做事时则精力充沛，充满乐趣。

如同大多数习惯一样，时间观念的养成与男孩的发展密不可分，并有其阶段性的目标，父母应善用孩子所能理解的事物，将时间观念带进生活中。因此，父母必须认识到增强男孩时间观念的重要性，按照孩子的年龄及发展来进行时间观念教育。

❶ 3岁前：以活动区分时间

出生没多久的宝宝，一切依照生理本能来表现，如饿了就知道要喝奶，想睡的时候就睡，对时间的概念相当混乱。在这个阶段，不需要刻意去调整他的作息，尽量以满足孩子的需求为主。

孩子到1岁左右，睡眠时间逐渐减少，活动的时间逐渐增长，生活中不再只有吃、睡，还多了玩耍、活动的时间。这时父母可以开始着手调整他的作息，如限定白天玩耍、睡午觉的时间，晚上则陪着他进行较为静态的活动，作为睡眠前的预告，让孩子知道大概在什么时间要做什么，直至他能自然而然地遵循，养成良好的生活习惯。而有了规律作息后，相信对日后学习、人际关系会更有帮助，爸爸妈妈也不用因他作息颠倒而整日操心。

❷ 3岁后：以顺序概念感知时间

每当小朋友要找爸爸妈妈时，父母若手边正在进行其他的事情，常对孩子说“等一下”，却发现孩子仍旧在追问哭闹，手忙脚乱之余，不免有些心烦。其实这是因为孩子尚不具备时间流逝的概念，他不了解“等一下”到底要等多久，只会觉得父母不理解他的要求，所以频频想要吸引父母的注意。

3岁后的孩子已逐步有“唱数”的能力，父母可利用数字的顺序，来延伸他对时间流逝的感受。举例来说，在玩躲猫猫时，请他数到20再睁开眼睛，让他了解时间如何在1、2、3……当中流逝。随着孩子能力逐渐增强，配合前期作息的养成，孩子会感觉到时间其实就是由一件又一件的事情所组成，且在进行这些事物中流逝。

时间仿佛是有重量的，时间越长，给人的心理压力越大。如果时间过长，超出了男孩的承受能力，不懂得掩饰自已内心的男孩就会通过言语和肢体动作表现出来，比如自言自语、抓耳挠腮、心不在焉、情绪低落。

在培养孩子时间观念时，父母不如让他每学习30分钟就休息10分钟，如果始终保持这个节奏，孩子就不会有特别疲惫的感觉。有的父母在运用这个方法的时候，最开始会出现效率进一步降低的情况：孩子在30分钟的作业时间内继续偷懒，对10分钟的休息却坚决不放过。

但坚持下去，如果孩子偷懒，等一会儿仍然没有改变，父母就简单提醒一下，比如，轻轻敲下桌子，或者默默收走孩子手中的玩具，并不多说什么，也不批评，如果孩子做得好，则及时肯定。

等孩子习惯了这30分钟定律，从前剑拔弩张都没解决的问题，就这样悄无声息地消失了。道理很简单，如果父母主动满足孩子的休息需要，他们就没必要偷偷给自己“放假”了。刚开始，他可能还会怀疑父母的“30分钟定律”，当他确定无疑之后，就会默认这样的学习方式。因为孩子作业不认真，便逼着孩子“连轴转”式地写作业，是非常不明智的，只会使问题更加严重。

不讲卫生隐患多，有好身体才有好未来

良好的卫生习惯是保证孩子身体健康的必要条件。然而，很多男孩非常抗拒清理个人卫生，在他们眼中，进行一次个人卫生清理简直就是一场“灾难”，让他们非常难受。他们会找很多个理由拒绝，只为了能逃脱这类苦差事。

但是为了能让男孩远离细菌，爸爸妈妈们也可算是用了十八般武艺，从好言相劝到生拉硬扯，从连哄带骗到威逼利诱……这种循环式的劝说使得父母感到筋疲力尽，男孩也变得越来越抗拒。

每天吃饭之前，3岁的郭达晋都会和妈妈上演一场“战争”。

“达晋，快洗手过来吃饭了。”

“不不，我要玩一会儿车车。”郭达晋头也不抬地回答妈妈。

“快点洗手，过来吃饭。”妈妈站到儿子的面前，大声吼道。

郭达晋看到妈妈生气了，赶紧跑到洗手池，不到3秒就又跑了出来，手掌湿了，但手背还是干的，又赶紧跑过去拿起小汽车玩了起来。

妈妈看了，更加生气地说："你这是洗手了吗？来来来，我给你洗。"说着就抢过了儿子手中的小汽车，把他带去洗手，可是儿子一脸的不情愿和不耐烦。

男孩的个人卫生是很多父母特别头疼的问题。他们常常不愿去洗手、洗脸、洗澡。父母用强迫的形式逼着男孩去注重个人卫生，可好像并没有效果，根本无法让男孩养成讲究卫生的好习惯，只会引起亲子关系的不和谐。

其实，孩子良好生活卫生习惯的养成是一个长期的、平凡而细致的工作，需要父母在生活中持之以恒地给孩子具体的指导和帮助，及时纠正孩子不讲究卫生的坏习惯。那么，父母具体应该怎么做呢？

❶ 父母以身作则，才能养育出讲卫生的男孩

孩子讲卫生的好习惯，多是从父母身上学得的。父母能为孩子提供一个整洁、干净的家居环境，就是在熏陶孩子的卫生习惯。同时，父母要让孩子对自己卧室的卫生负责，保证卧室地板、窗帘、床上用品等的清洁。另外，父母也要向男孩示范如何保持个人卫

生，如干净整齐的仪容，正确的洗手方式，等等。

❷ 让孩子养成讲卫生的生活习惯

父母应当帮助孩子建立切实可行的生活规律，3岁是孩子养成好习惯的重要时期，此时，父母要把洗脸、刷牙、洗澡等作为生活中必须做的事情，并让孩子主动去执行，培养孩子的生活自理能力。如按时洗头、洗澡，勤换衣服；经常修剪指甲；每天早晚刷牙；早晨起床后将床铺整理好；做完作业把书桌上的文具、书包收拾好。

妈妈从超市买回来了几个大苹果，放在茶几上时，叮嘱5岁的李楠说："宝贝，你想要吃苹果的话，记得要先洗手，而且要叫妈妈给你洗苹果后才能吃，知道吗？"

"我洗手是因为我玩过车车，手上有细菌，苹果为什么也要洗后才能吃呀，妈妈？"李楠问。

"因为苹果表皮会残留农药，而且苹果是从超市里面买回来的，它放在超市里面的时候，很多人都可能去摸它，它的表皮就有可能会沾染细菌。如果我们不洗也不削皮就吃的话，细菌就会跟着苹果跑到你的肚子里，你的肚子就会痛的。"妈妈耐心地解释说。

李楠肯定地说了一句："好的，我明白了，妈妈。"妈妈去忙了，可是李楠把妈妈的话抛于脑后，拿起苹果就开始啃起来。等妈妈从厨房出来，他已经把苹果吃了一大半。

过了一会儿，李楠的肚子果然痛了起来，妈妈找药给他吃了之后，抓住机会教育他说："宝贝，这就是你不讲卫生带来的后果，知道错了吧！"

李楠乖巧地说："妈妈，我以后一定会注意卫生的。"

在生活中，父母一定要和孩子制定具体的卫生规则，且用孩子能够明白的方式让他明白这些规则的意义。另外，在把握好度的情况下，不如让孩子尝试一下不讲卫生的后果，更重要的是要有耐心地引导孩子去讲卫生。

而且，对于生活中必要的生活规律，父母要坚决一点，不要给孩子留下商量的余地。如饭前便后洗手，不管孩子怎么哭闹，父母都不能向孩子让步。如果允许孩子有时候不用洗手，他就会觉得洗手是可有可无的，因而会想方设法去逃脱。

❸ 对孩子的卫生行为，父母要及时检查

"我家孩子6岁了，可每次叫他去洗澡、洗手时，他都用水冲一下就说洗完了，每次都要陪再洗一次。"很多父母抱怨说。生活中，很多男孩觉得卫生清理是一件很麻烦的事，也只想敷衍了事。因此，当父母要求男孩去做某项卫生时，要及时进行检查，让男孩明白这件事情是不能敷衍了事的，必须要认真对待。

做事要专注，不能三心二意

男孩大都比较调皮，而且调皮的天性让他们很难踏实学习、做事，对一件事情难以保持长时间的专注，令很多父母头疼不已。

宏博刚5岁，妈妈要求他开始学习写字，但他根本就静不下心来写，总是写不到几分钟就扔下笔玩了起来。对此，妈妈很着急，为了监督宏博能好好学习，妈妈就陪着他写字。

可是，即使妈妈在一边监督着，宏博还是无法专注地写字，经常写着写着就走神，或者不自觉地玩起了手中的笔，要不就是提出要上厕所，或是请求妈妈让他喝饮料……结果，经常是一个小时就能写完的作业，宏博却花费了两个多小时。

妈妈为此批评了他很多次，然而只要妈妈一开口，宏博就不开心地嘟着嘴，让妈妈感到很无奈。

男孩如果能够专注地做一件事情，即使遇到了困难，只要他全身心投入其中去寻找办法，那他也十有八九能够自己解决。而如果男孩做事不专心，喜欢东张西望。他一旦不专心，聪明智慧就不能发挥出来，办事效率也会大大降低，因此，父母及早纠正男孩不专注的习惯，对男孩的成长非常有利。父母可以通过以下几个方法培养男孩的专注力：

❶ 用兴趣吸引男孩的注意力

当男孩在做他感兴趣的事情时，他就会表现得非常专注。因此，父母可以利用男孩的兴趣，来培养他的专注能力。

4岁的曹明对小汽车非常感兴趣，更喜欢拆开玩具车来研究进行重组。每当他在拆玩具车时，他就会非常专注，不管周边发生什么事情。

一次，曹明又在研究组装一辆新玩具车，到了吃饭时间，他仍沉迷其中，好像完全听不到妈妈叫他吃饭。妈妈打算上前抱他过来，爸爸阻止说："没事，先让他组装，晚点再吃。"因此，那天爸爸妈妈就坐在沙发上，看着他组装好了他的小汽车，他从喜悦中"醒"过来，一家人才开开心心地吃饭。

当男孩在做他感兴趣的事情时，父母最好不要打扰他，不要和他说话。因为男孩对某一件事情专注的时间越长，他的专注力也会随之提高。然而，在很多家庭中，爷爷奶奶、爸爸妈妈整天围绕在男孩身边转，从不给男孩专注的时间，不时地给男孩递食物或和男孩说话，打扰男孩的专注力，不利于男孩专注力的培养。

当然，这里所说的事情必须是积极健康的，比如看书、组装玩具等，如果男孩是在看电视，那么父母就不能放任不管，而是要给他规定好时间，但是在规定他可以看电视的这段时间内不要打扰他。

❷ 教育男孩做事要“此未终，彼勿起”

《弟子规》中关于读书方法有两句论述：“方读此，勿慕彼；此未终，彼勿起。”也就是说，在读书的时候，要专心致志，拿起一本书就要一心一意把它读完，而不要去想其他的书或者事情。这本书如果没有读完，就不要打开另一本，否则就没有一本书能够读得完。

其实不只是在读书方面，男孩在做任何一件事情的时候，父母都应该告诉他“此未终，彼勿起”，让他集中精力去做一件事，等这件事情做好了，再去做另一件事情。比如，父母可以教育男孩在学习的时候就要踏踏实实去学，而不要想着一会儿去玩这个，一会儿去玩那个。而等到学习任务完成了，父母就可以告诉男孩，让他痛快地去玩。

❸ 给男孩创造安静简洁的学习环境

古代有“孟母三迁”的故事，讲的是孟子的母亲为了能够让孟子专心学习，不惜频繁搬家，直到搬到一个适合孟子学习的地方才罢休。如今，虽然很难用频繁搬家的方式来给男孩创造好的环境，但是，父母却可以给男孩营造一个安静整洁的环境，不要让太多嘈杂的事物干扰他。比如，不要在男孩学习的时候看电视、大声喧哗，不要在孩子的房间放过多杂物，等等。

❹ 注意不要强迫男孩专注于一件事

很多妈妈为了让男孩专心去做一些事情，通常会采用强迫的手段，比如向男孩吼叫，甚至是动手打男孩。其实这么做并不恰当，表面上男孩迫于父母的压力，不得不去做父母要求的事情，可是在做事情的时候，他并不是想着事情的本身，也不会去想如何把事情做好，而是心里充满怨气，这种感情反而无法让他专注。所以，父母一定要耐心引导他，而不是强迫他。

在我们的身边，有唯唯诺诺、胆小怕事的男孩，也有有担当、有责任的男孩；有自信、自律的男孩，也有自卑、任性的男孩。反观他们的成长历程，无不与他们的早期教育有关。家庭作为男孩早期教育的“主教场”，如同阳光、空气、磁场、地球引力一样时刻作用于孩子。

如果把孩子的一生比喻成一幅画，那么一出生的孩子就是一张白纸， 0～6岁期间，父母给他画上的是这幅画最初的色彩基调，决定着这幅画的基调和走向。即使后来他有意识地想方设法去使用其他色彩基调去改变，也可能需要花费更大的功夫或者根本就改不了。因此，我总满怀期待地温馨提醒年轻的父母：

你可能有着童年的遗憾，但你不能给孩子遗憾的童年；

你可能不是天才，但你能够塑造天才。

人人都有童年，童年的经历是内容丰富的早教启示录，孩子的智慧、能力、情绪、意志、习惯、性格等都与童年生活有着千丝万缕的联系。作为父母，如果您总结一下您的童年对您的影响，您将会悟出最珍贵、最深刻的早教经验与教训。

您是怎样成为如今的您的？您性格中的果子是怎样在年少时种下的？您性情中的缺失和弱势，是童年的哪一段历程给您打下的烙印？童年时父母的修养、小伙伴的游戏、自己扮演的角色，以及种种悲欢离合、喜怒哀乐、憧憬、向往与失落……无论欢乐、温馨，还是愁苦、愤怨与遗憾，都要细细咀嚼，在早教理论的江河中淘洗。

对照您的成长，重要的是让您鉴别、改善您孩子今日成长的土壤，调节光照和气温，科学施予养料，进而清醒地把孩子培育成参天大树。

本书内容丰富，涵盖了0～6岁男孩的常见问题，包括性别认识、心理健康、习惯培养、早期教育、亲子关系等困扰父母的诸多问题。

我们共同的理想是：变沉重的人口负担为无穷的人才资源，变艰辛的养儿育女为无限甜蜜的天伦之乐，变千百年流传的可怜天下父母心为幸福天下父母心！